詩

나남출판

趙芝薰 全集 編輯委員
洪一植 (고려대)
洪起三 (동국대)
崔禎鎬 (연세대)
崔東鎬 (고려대)
印權煥 (고려대)
李誠元 (서울대)
李東歡 (고려대)
朴魯埻 (한양대)
金仁煥 (고려대)

詩

趙芝薰 전집 1

일러두기

1. 이 책은 지훈의 기간 시집(《청록집》,《풀잎 斷章》,《조지훈 시선》, 《역사 앞에서》,《여운》에 수록된 모든 시, 기간 시집에 수록되지 않은 시, 한시(漢詩)를 국역한 것과 지훈이 직접 지은 한시 등을 함께 묶은 것이다.

2. 기간 시집에 수록된 작품의 배열순서는 시집 간행 연대순에 따라 시집별로 정리하였고, 각 기간 시집 첫머리에 원래 목차를 실었다. 기간 시집 이외의 작품들은 시의 성격에 따라 몇 개의 장으로 구분하였다.

3. 기간 시집에 실린 작품들 가운데 두 권 이상의 시집에 중재된 경우에는 간행 연대가 앞선 시집에만 실은 다음 그 작품이 중재된 시집 원래 목차에 중재된 사실을 명시하고 그 작품이 수록된 이 책의 면수를 함께 적어 넣었다.

4. 띄어쓰기는 기간 시집에 그대로 따랐고, 표기는 현행 맞춤법 원칙에 따르되 발음이 달라지는 경우는 기간 시집에 그대로 따랐다.

5. 중재된 작품의 표기와 띄어쓰기는 가장 나중에 실린 시집을 기준으로 삼았으며, 기간 시집의 '서문'이나 '후기'는 기간 시집 본래의 위치에 그대로 넣었다.

6. 이 책에 수록된 작품들 가운데 창작 연대를 확인할 수 있는 작품의 경우, 기간 시집의 수록 작품들은 각 기간 시집 원래 목차 부분에, 기간 시집 이외의 작품들은 작품 끝부분에 이를 명시하였다.

7. 지훈 시의 본모습은 지훈이 직접 정서한 《지훈육필시집》(나남출판, 2001)에서 확인할 수 있다.

8. 이 책에서 사용한 문양은 '백제 금동 용봉 봉래산 향로'(百濟 金銅 龍鳳 蓬萊山 香爐)에 있는 봉황의 형상이다.

조지훈 전집 서문

  지훈(芝薰) 조동탁(趙東卓, 1920~1968)은 소월(素月)과 영랑(永郞)에서 비롯하여 서정주(徐廷柱)와 유치환(柳致環)을 거쳐 청록파(靑鹿派)에 이르는 한국 현대시의 주류를 완성함으로써 20세기의 전반기와 후반기를 연결해 준 큰 시인이다. 한국 현대문학사에서 지훈이 차지하는 위치는 어느 누구도 훼손하지 못할 만큼 확고부동하다.
  문학사에서 지훈의 평가가 나날이 높아가는 것을 지켜보며 기뻐해 마지 않으면서도, 아직도 한국 근대정신사에 마땅히 마련되어야 할 지훈의 위치는 그 자리를 바로 찾지 못하고 있는 것이나 아닌가 하는 걱정이 없지 않다. 매천(梅泉) 황현(黃玹)과 만해(萬海) 한용운(韓龍雲)을 이어 지훈은 지조를 목숨처럼 중히 여기는 지사의 전형을 보여 주었다. 서대문 감옥에서 옥사한 일송(一松) 김동삼(金東三)의 시신을 만해가 거두어 장례를 치를 때 심우장(尋牛莊)에 참례(參禮)한 것이 열일곱(1937년)이었으니 지훈이 뜻을 세운 시기가 얼마나 일렀던가를 알 수 있다.
  지훈은 민속학과 역사학을 두 기둥으로 하는 한국문화사를 스스로 자신의 전공이라고 여기었다. 우리는 한국학의 토대를 마련한 지훈의 학문을 정확하게 인식해야 한다. 조부 조인석(趙寅錫)과 부친 조헌영(趙憲泳)으로부터 한학과 절의(節義)를 배워 체득하였고, 혜화전문과 월정사에서 익힌 불경과 참선 또한 평생토록 연찬하였다. 여기에 조선어학회의 큰사전 원고를 정리하면서 자연스럽게 익힌 국어학 지식이 더해져서 형성된 지훈의 학문적 바탕은 현대교육만 받은 사람들로서는 감히 짐작하기조차 어려울 만큼 넓고 깊었다.

지훈은 6·25 동란중에 조부가 스스로 목숨을 끊고 부친과 매부가 납북되고 아우가 세상을 뜨는 비극을 겪었다. 《지조론》에 나타나는 추상 같은 질책은 민족 전체의 생존을 위해 도저히 참을 수 없어 터뜨린 장렬한 양심의 절규였다. 일찍이 오대산 월정사 외전강사(外典講師) 시절 지훈은 일제가 싱가포르 함락을 축하하는 행렬을 주지에게 강요한다는 말을 듣고 종일 통음하다 피를 토한 적도 있었다. 자유당의 독재와 공화당의 찬탈에 아부하는 지식인의 세태는 지훈을 한 시대의 가장 격렬한 비판자로 만들고 말았다. 이 나라 지식인 사회를 모독한 박정희 대통령의 진해 발언에 대해 이는 학자와 학생과 기자를 버리고 정치를 하려 드는 어리석은 짓이라고 비판한 지훈은 그로 인해 정치교수로 몰렸고 늘 사직서를 지니고 다녔다. 지훈은 언제고 진리와 허위, 정의와 불의를 준엄하게 판별하였고 나아갈 때와 물러날 때를 엄격하게 구별하여 과감하게 행동하였다.

지훈은 근면하면서 여유 있고 정직하면서 관대하고 근엄하면서 소탈한 현대의 선비였다. 매천이 절명(絶命)의 순간에도 '창공을 비추는 촛불'(輝輝風燭照蒼天)로 자신의 죽음을 표현하였듯이 지훈은 나라 잃은 시대에도 "태초에 멋이 있었다"는 신념을 지니고 초연한 기품을 잃지 않았다. 지훈에게 멋은 저항과 죽음의 자리에서도 지녀야 할 삶의 척도이었다. 호탕한 멋과 준엄한 원칙 위에 재능과 교양과 인품이 조화를 이룬 대인을 우리는 아마 다시 보지 못할지도 모른다. 이른바 근대교육에는 사람을 왜소하게 만드는 면이 있기 때문이다. 지훈의 기백은 산악을 무너뜨릴 만했고 지훈의 변론은 강물을 터놓을 만했다. 역사를 논하는 지훈의 시각은 통찰력과 비판력을 두루 갖추고 있었다. 다정하고 자상한 스승이었기에 지훈은 불의에 맞서 학생들이 일어서면 누구보다도 앞에 나아가 학생들을 격려하였다. 지훈은 제자들과 함께 술을 마시고 서로 속마음을 털어놓기도 했고 손을 맞잡고 한숨을 쉬기도 했다. 위기와 동요의 시대인 20세기 후반기에 소용돌이치는 역사의 상처를 지훈은 자신의 상처로 겪어냈다.

지훈은 항상 현실을 토대로 하여 사물을 구체적으로 파악하려 하였고 멋을 척도로 하여 인간을 전체적으로 포착하려 하였다. 지훈은 전체가 부분의 집합보다 큰 인물이었다. 지훈의 면모를 알기 위해서는 그의 전체상을 살펴볼 필요가 있다. 한국의 현대사를 연구하려는 사람은 반드시 먼저 한국현대정신사의 지형을 이해해야 한다. 우리는 지훈의 전집이 한국현대정신사의 지도를 완성하는 데 기여하리라고 확신하고, 지훈이 걸은 자취를 따르려는 사람들뿐 아니라 지훈을 비판하고 극복하려는 사람들에게도 지훈의 전모를 객관적으로 인식할 수 있게 해야 한다고 생각하여 오래 전에 절판된 지훈의 전집을 새롭게 편찬하기로 하였다. 이 전집은 세대를 넘어 오래 읽히도록 편집에 공을 들이었고, 연구자의 자료가 되도록 판본들을 일일이 대조하여 결정본을 확정하였고 1973년판 전집에 누락된 논설들과 한시들을 찾아 수록하였다.

  전집 출판의 어려운 일을 맡아 주신 나남출판 조상호 사장의 특별한 뜻에 충심으로 경의를 표하며 1973년판 전집의 판권을 선선히 넘겨주신 일지사 김성재 사장의 후의에 감사드린다. 교정에 수고하신 나남출판 편집부 여러분의 노고에 깊은 사의를 표하는 바이다.

1996년 2월
편 집 위 원

趙芝薰 전집 1

詩

차 례

· 일러두기 / 2
· 조지훈 전집 서문 / 3

青鹿集

鳳凰愁 / 25
古風衣裳 / 26
舞鼓 / 27
落花 / 28
피리를 불면 / 30
古寺 1 / 32
古寺 2 / 33
玩花衫 / 34
律客 / 35
山房 / 37
芭蕉雨 / 39
僧舞 / 40

풀잎 斷章

아　침 /43
山　길 /44
풀밭에서 /45
渺　茫 /46
그 리 움 /47
편　지 /48
絶　頂 /49
밤 /51
窓 /52
풀잎 斷章 /54
岩穴의 노래 /55
흙을 만지며 /56
바다가 보이는 언덕에 서면 /57
思　慕 /58
마　을 /60
山 /61
鶯吟說法 /62
달　밤 /63
도라지꽃 /64
枯　木 /65
落　葉 /66

送　行 /67
倚樓吹笛 /68
香　紋 /70
石　門 /71
伽倻琴 /72

趙芝薰 詩選

길 /77
地 獄 記 /78
손 /79
月 光 曲 /81
鍾소리 /82
影　像 /83
流　竄 /84
鶴 /85
浮　屍 /86
春　日 /87
嶺 /88
落　魄 /89
민들레꽃 /90

抱　擁 /91
祈　禱 /92
雲　翳 /94
花體開顯 /95
念　願 /96
코스모스 /97
山 1 / 99
湖　水 /100
幽　谷 /101
꽃새암 /102
落　花 2 / 103
靜　夜 1 / 104
靜　夜 2 / 105
鷄林哀唱 /106
北關行 1 / 108
北關行 2 / 109
送　行 1 / 110
밤　길 /111
梅花頌 /113
別　離 /114
線 /115
古　調 /116
大　笒 /118
《조지훈 시선》 후기 /120

歷史 앞에서

《역사 앞에서》序 /127
눈오는 날에 /128
꽃 그늘에서 /130
기 다 림 /131
바램의 노래 /132
動物園의 午後 /133
鼻 血 記 /135
山上의 노래 /136
비가 나린다 /138
그들은 왔다 /140
그대 荊冠을 쓰라 /143
十字架의 노래 /145
歷史 앞에서 /148
불타는 밤거리 /149
빛을 찾아가는 길 /151
마음의 太陽 /152
첫 祈禱 /153
絶望의 日記 /154
맹 세 /163
이기고 돌아오라 /165
戰線의 書 /167
風流兵營 /168

靑馬寓居有感 /170
多富院에서 /171
桃李院에서 /173
여기 傀儡軍戰士 쓰러져 있다 /174
竹嶺戰鬪 /176
서울에 돌아와서 /177
奉日川 酒幕에서 /181
너는 지금 三八線을 넘고 있다 /182
延白村家 /184
浿江無情 /185
壁　詩 /186
鐘路에서 /187
언덕 길에서 /189
핏빛 年輪 /191
天地呼應 /193
이날에 나를 울리는 /195
빛을 부르는 새여 /196
새아침에 /198
우리 무엇을 믿고 살아야 하는가 /200
어둠 속에서 /203
箴　言 /205
死六臣 追慕歌 /206
先烈 追慕歌 /208
石吾 東岩先生 追悼歌 /209

仁村先生 弔歌 /210
海公先生 弔歌 /211

餘 韻

雪 朝 /215
餘 韻 /217
梵 鐘 /219
꿈이야기 /220
빛 /222
폼페이 有感 /224
歸 路 /228
혼자서 가는 길 /230
가을의 感觸 /232
秋日斷章 /234
뜨락에서 은방울 흔들리는 /237
아 침 1 / 239
소 리 /242
연 /244
冬 夜 抄 /246
女 人 /247
색 시 /248
아 침 2 / 249

山中問答 /250
터져오르는 喊聲 /252
革　命 /255
늬들 마음을 우리가 안다 /257
사랑하는 아들 딸들아 /261
偶　吟 /264
이 사람을 보라 /266
獅　子 /270
그날의 噴火口 여기에 /272
불은 살아 있다 /273
《餘韻》후기 /275

바위頌

白　蝶 /279
幸　福　論 /280
對　話　篇 /282
눈 /283
病 에 게 /284
바 위 頌 /286
풀잎 斷章 2 /289
五　月 /291
꽃피는 얼굴로는 /292

二律背反 /293
悲　戀 /294
悲　歌 /295
찔레꽃 /296
裁斷室 /297
懺　悔 /298
印刷工場 /299
華戀記 /300
마　음 /301
風流原罪 /303
草　笠 /304
思　娘 /306
옛마을 /307
合　掌 /308
白　夜 /309
밭기슭에서 /310
孔　雀 1 /311
孔　雀 2 /312

戒 銘

겨레 사랑하는 젊은 가슴엔 /315
마음의 碑銘 /316
觀劇歲暮 /318
壬辰銘 /320
새아침에 /322
마침내 여기 이르지 않곤
끝나지 않을 줄 이미 알았다 /324
늬들 마음을 우리가 안다 /327
八·一五頌 /329
民主主義는 살아 있다 /331
戒 銘 /333
姜鎔訖님을 맞으며 /335
虎像銘 /336
그것이 그대로 燦然한 빛이었다 /337
앉아서 보는 四月 /338
하늘의 영원한 메아리여 /340
安重根 義士讚 /342
張志淵 先生 /344

悲調斷章

우리들의 생활의 來日 /349
農民頌 /352
果物抄 /357
섬나라 印象 /359
悲調斷章 /362
履歷書 /369
計算表 /372
鬼哭誌 /373
雨淋鈴 /374
鄕語 /376
診斷書 /378
蝎 /379
密林 /380
編磬 /382

하늘을 지키는 젊은이들

너의 勳功으로 /385
FOLLOW ME /386
하늘을 지키는 젊은이들 /387
Z 幻想 /388
告別 /390

어린이에게

어린이에게 /395
원두막 /397
방아 찧는 날 /398
장 날 /399

漢 詩 譯

悠然見南山 /403
子夜歌 六首 /404
藍田山石門精舍 /408
送 別 /411
玉 階 怨 /412
怨 情 /413
將 進 酒 /414
鳳凰臺에 올라서 /416
登岳陽樓 /418
哀 江 頭 /420
가을 밤비 속에 /422
郵亭의 밤비 /423
寒松亭曲 /424
大興寺에서 子規를 듣다 /425
山莊의 밤비 /426
말 위에서 三首 /427
江村夜興 /429
星龍寺 雨花門에 쓰다 /430
墨竹 뒤에 題함 /431
晉陽留別 /432
山 居 /433
天壽僧院 벽에 쓰다 /434

絶句杜韻 /435

北山雜題 /436

閑中雜詠 /438

가을날 배를 띄우다 /440

朴否山 全之宅에 題함 /441

風 荷 /442

龍宮에 閑居할 때 金蘭溪得培가
시를 보내왔으므로 그 韻을 밟다 /443

元校書 松壽에게 부침 /444

梨 花 月 /445

少 點 頭 /446

道詵庵 가는 길 /447

文殊窟에 자다 /449

矗石樓別曲 /450

漢 詩 抄

佛國寺途中 /455
臨海殿遺址 /455
歸 鄕 /456
謾 詠 /456
沽 酒 /457
叙 懷 /457
山酒初熟 /458
贈花豚禪師 /458
寄 牧 雲 /459
蟬 /459
妓 女 /460
洗 女 /460
茱 女 /461
述 懷 /461
登五臺山昆盧峰 /462
東都懷古 /462
鮑 石 亭 址 /463
秋 興 /463
傷 心 /464

· 연 보 / 4 6 5

《靑鹿集》조지훈 편에 그려진 지훈의 얼굴 소묘. 金義煥 씨의 펜畵이다.

靑鹿集

朴木月·朴斗鎭과 함께 미발표작(박목월-15편, 조지훈-12편, 박두진-13편)을 모아 엮은 3인 시집 《청록집》(1946, 乙酉文化社 版). 이 시집으로 인하여 세 시인을 청록파(靑鹿派)라 일컫게 되었다.

靑鹿集

―

鳳凰愁·1939 / 古風衣裳·1939 / 舞鼓·1939 / 落花·1943 / 피리를 불면 / 古寺1·1941 / 古寺2·1941 / 玩花衫·1942 / 律客·1943 / 山房·1941 / 芭蕉雨·1942 / 僧舞·1939

鳳凰愁

　벌레 먹은 두리기둥 빛 낡은 丹靑 풍경소리 날러간 추녀 끝에는 산새도 비들기도 둥주리를 마구 쳤다. 큰 나라 섬기다 거미줄 친 玉座 위엔 如意珠 희롱하는 雙龍 대신에 두마리 봉황새를 틀어 올렸다. 어느땐들 봉황이 울었으랴만 푸르른 하늘 밑 甃石을 밟고 가는 나의 그림자. 佩玉 소리도 없었다. 品石 옆에서 正一品 從九品 어느 줄에도 나의 몸둘 곳은 바이 없었다. 눈물이 속된줄을 모르량이면 봉황새야 九天에 呼哭하리라.

古風衣裳

하늘로 날을듯이 길게 뽑은 부연끝 풍경이 운다
처마끝 곱게 늘이운 주렴에 半月이 숨어
아른 아른 봄밤이 두견이 소리처럼 깊어가는 밤
곱아라 고아라 진정 아름다운지고
파르란 구슬빛 바탕에 자주빛 호장을 받친 호장저고리
호장저고리 하얀 동정이 환하니 밝도소이다
살살이 퍼져나린 곧은 선이 스스로 돌아 曲線을 이루는 곳
열두폭 기인 치마가 사르르 물결을 친다
초마 끝에 곱게 감춘 雲鞋 唐鞋
발자취 소리도 없이 대청을 건너 살며시 문을 열고
그대는 어느 나라의 古典을 말하는 한마리 蝴蝶
蝴蝶인양 사푸시 춤을 추라 蛾眉를 숙이고……
나는 이밤에 옛날에 살아 눈 감고 거문곳줄 골라보리니
가는 버들인양 가락에 맞추어 흰손을 흔들어지이다

舞 鼓

眞珠구슬 오소소 오색 무늬 뿌려 놓고
긴 자락 칠색線 花冠몽두리.

水晶하늘 半月속에 彩衣입은 아가씨
피리 젓대 고운 노래 잔조로운 꿈을 따라

꽃구름 휘몰아서 발 아래 감고
감은 머리 푸른 수염 네 활개를 휘돌아라

맑은 소리 품은 鼓 한송이 꽃을
蝴蝶의 나래가 싸고 돌더니

풀밭에 앉은 나비 다소곳이 물러가고
꿀벌의 날개 끝에 맑은 청 鼓가 운다.

銀무지개 넘어로 작은 별 하나
꽃수실 채색무늬 花冠몽두리.

落 花

꽃이 지기로소니
바람을 탓하랴

주렴 밖에 성긴 별이
하나 둘 스러지고

귀촉도 울음 뒤에
머언 산이 닥아서다.

촛불을 꺼야하리
꽃이 지는데

꽃 지는 그림자
뜰에 어리어

하이얀 미닫이가
우련 붉어라.

묻혀서 사는 이의
고운 마음을

아는 이 있을까

저허하노니

꽃이 지는 아침은
울고 싶어라.

피리를 불면

다락에 올라서
피리를 불면

萬里 구름ㅅ길에
鶴이 운다

이슬에 함초롬
젖은 풀ㅅ잎

달빛도 푸른채로
산을 넘는데

물우에 바람이
흐르듯이

내 가슴에 넘치는
차고 흰 구름.

다락에 기대어
피리를 불면

꽃비 꽃바람이

눈물에 어리어

바라뵈는 紫霞山
열두 봉우리

싸리나무 새순 뜯는
사슴도 운다.

古 寺 1

木魚를 두드리다
졸음에 겨워

고오운 상좌아이도
잠이 들었다.

부처님은 말이 없이
웃으시는데

西域 萬里ㅅ 길
눈 부신 노을 아래

모란이 진다.

古 寺 2

木蓮꽃 향기로운 그늘 아래
물로 씻은듯이 조약돌 빛나고

흰 옷깃 매무새의 구층탑 위로
파르라니 돌아가는 新羅千年의 꽃구름이여

한나절 조찰히 구르던
여흘 물소리 그치고
비인 골에 은은히 울려 오는 낮종소리.

바람도 잠자는 언덕에서 복사꽃잎은
종소리에 새삼 놀라 떨어지노니

무지개 빛 햇살 속에
의희한 丹靑은 말이 없고……

玩 花 衫
―― 木月에게

차운 산 바위 우에
하늘은 멀어
산새가 구슬피
우름 운다

구름 흘러가는
물길은 七百里

나그네 긴 소매
꽃잎에 젖어
술 익는 강마을의
저녁 노을이여

이 밤 자면 저 마을에
꽃은 지리라

다정하고 한 많음도
병인양하여
달빛 아래 고요히
흔들리며 가노니 ……

律 客

보리 이삭 밀 이삭
물결 치는 이랑사이
고요한 외줄기 들길 위으로
한낮 겨운 하늘 아래 구름에* 싸여
외로운 나그네가 흘러 가느니

牛皮쌈지며 玳瑁안경집이랑
허리끈에 느즉히 매어두고

간밤 비바람에
그물모시 두루막도 풀이 죽어서
때 묻은 버선이랑 곰방대 함께
가벼이 어깨에 둘러 메고

서낭당 구슬픈 돌더미 아래
여흘물 흐느끼는 바위 가까이
지친 다리 쉬일젠 두눈을 감고
귀히 지닌 奚琴의 줄을 혀느니

노닥 노닥 기워진

---

* 편집자 주 : 1연 4행의 "구름에"는 《풀잎斷章》에는 "조름에"로 되어 있음.

흰 조고리 당홍 치마
맨발 벗고 따라 오던 망내 딸년도
오리木 늘어선 산골에다 묻고 왔노라

솔나무 잣나무 우거진 높은 고개
아스라히 휘도는 길 해가 저물어
사늘한 바람결에 흰수염을 날리며
서러운 나그네가 홀로 가느니

山 房

닫힌 사립에
꽃잎이 떨리노니

구름에 싸인 집이
물소리도 스미노라.

단비 맞고 난초 잎은
새삼 치운데

볕바른 미닫이를
꿀벌이 스쳐간다.

바위는 제 자리에
옴짝 않노니

푸른 이끼 입음이
자랑스러라.

아스럼 흔들리는
소소리바람

고사리 새순이
도르르 말린다.

芭 蕉 雨

외로이 흘러간
한송이 구름
이 밤을 어디메서
쉬리라던고

성긴 빗방울
파촛잎에 후두기는 저녁 어스름
창 열고 푸른 산과
마조 앉어라

들어도 싫지 않은
물 소리기에
날마다 바라도
그리운 산아

온 아츰 나의 꿈을
스쳐간 구름
이 밤을 어디메서
쉬리라던고

僧　舞

얇은 紗 하이얀 고깔은 고이 접어서 나빌네라

파르라니 깎은 머리 薄紗 고깔에 감추오고
두볼에 흐르는 빛이 정작으로 고와서 서러워라

빈 臺에 黃燭불이 말 없이 녹는 밤에
오동잎 잎새마다 달이 지는데

소매는 길어서 하늘은 넓고
돌아설듯 날아가며 사뿐이 접어올린 외씨보선이여

까만 눈동자 살포시 들어
먼 하늘 한개 별빛에 모도우고

복사꽃 고운 뺨에 아롱질듯 두방울이야
세사에 시달려도 煩惱는 별빛이라

휘여져 감기우고 다시 접어 뻗는 손이
깊은 마음 속 거룩한 合掌인양 하고

이밤사 귀또리도 지새우는 三更인데
얇은 紗 하이얀 고깔은 고이 접어서 나빌네라

풀잎 斷章

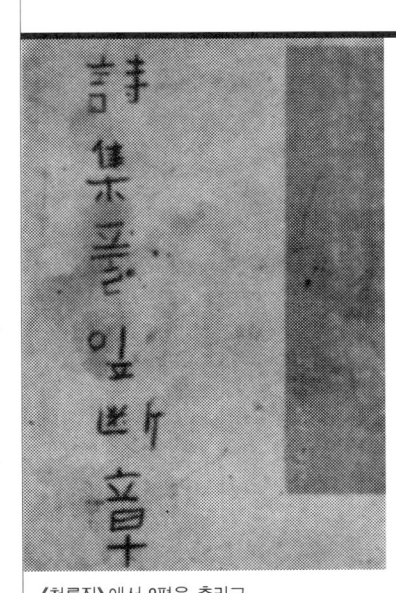

《청록집》에서 9편을 추리고, 새 작품 26편을 모아 엮은 제2시집 《풀잎 斷章》(1952, 創造社版). 표지 제자(題字)인 "詩集 풀잎 斷章"은 지훈의 장남 광열(光烈)이 7세 때 크레파스로 쓴 글씨이다.

풀잎斷章

一

絶 頂

아 침 / 山 길·1949 / 풀밭에서·1949 / 渺 茫·1949 / 그 리 움·1949 / 편 지 / 絶 頂·1949 /

窓

밤·1942 / 窓·1942 / 풀잎斷章·1942 / 岩穴의 노래 / 흙을 만지며·1947 / 바다가 보이는 언덕에 서면·1947 / 思 慕·1942 /

古 寺

마 을·1942 / 山·1941 / 古 寺·청록집(古寺 1) 32면 / 山 房·청록집 37면 / 鶯吟說法·1941 / 달 밤·1942 / 도라지꽃·1942

芭 蕉 雨

落 花·청록집 28면 / 芭 蕉 雨·청록집 39면 / 枯 木·1943 / 玩花衫·청록집 34면 / 落 葉·1943 / 送 行·1946 / 倚樓吹笛·1943 /

石 門

鳳凰愁·청록집 25면 / 香 紋·1939 / 古風衣裳·청록집 26면 / 僧 舞·청록집 40면 / 律 客·청록집 35면 / 石 門·1944 / 伽倻琴·1947

아 침

실눈을 뜨고 벽에 기대인다 아무것도 생각할수가 없다

짧은 여름밤은 촛불 한자루도 못다녹인채 사라지기 때문에 섬돌 우에 문득 石榴꽃이 터진다

꽃망울 속에 새로운 宇宙가 열리는 波動! 아 여기 太古쩍 바다의 소리없는 물보래가 꽃잎을 적신다

방안 하나 가득 石榴꽃이 물들어 온다 내가 石榴꽃 속으로 들어가 앉는다 아무것도 생각할수가 없다

山 길

　혼자서 산길을 간다 풀도 나무도 바위도 구름도 모두 무슨 애기를 속삭이는데 산새 소리조차 나의 알음알이로는 풀이할 수가 없다.

　바다로 흘러가는 산골 물소리만이 깊은곳으로 깊은곳으로 스며드는 그저 아득해지는 내 마음의 길을 열어 준다.

　이따금 내 손끝에 나의 발가숭이 영혼이 부디쳐 푸른 하늘에 천둥 번개가 치고 나의 마음에는 한나절 소낙비가 쏟아진다.

풀밭에서

　바람이 부는 벌판을 간다 흔들리는 내가 없으면 바람은 소리조차 지니지 않는다 머리칼과 옷고름을 날리며 바람이 웃는다 의심할 수 없는 나의 영혼이 나즉히 바람이 되어 흐르는 소리.

　어디를 가도 새로운 풀잎이 고개를 든다 땅을 밟지 않곤 나는 바람처럼 갈수가 없다 조약돌을 집어 바람속에 던진다 이내 떨어진다 가고는 다시오지 않는 그리운 사람을 기다리기에 나는 영영 살아지지 않는다.

　차라리 풀밭에 쓰러진다 던져도 하늘에 오를수 없는 조약돌처럼 사랑에는 뉘우침이 없다 내 지은 죄는 끝내 내가 지리라 아 그리움 하나만으로 내 영혼이 바람속에 간다.

渺 茫

　내 오늘밤 한오리 갈댓잎에 몸을 실어 이 아득한 바다 속 蒼茫한 물구비에 씻기는 한점 바위에 누웠나니

　生은 갈사록 고달프고 나의 몸둘 곳은 아무데도 없다 파도는 몰려와 몸부림치며 바위를 물어뜯고 넘쳐나는데 내 귀가 듣는것은 마즈막 물결소리 먼 海溢에 젖어 오는 그 목소리뿐

　아픈 가슴을 어쩌란 말이냐 虛空에 던져진것은 나만이 아닌데 하늘에 달이 그렇거니 수많은 별들이 다 그렇거니 이 廣大無邊한 宇宙의 한알 모래인 地球의 둘레를 찰랑이는 접시물 아아 바다여 너 또한 그렇거니

　내 오늘 바다 속 한점 바위에 누워 하늘을 덮는 나의 思念이 이다지도 작음을 비로소 깨닫는다

그리움

　머언 바다의 물보래 젖어오는 푸른 나무 그늘 아래 늬가 말없이 서 있을적에 늬 두눈섭 사이에 마음의 문을 열고 하늘을 내다보는 너의 영혼을 나는 분명히 볼수가 있었다

　늬 肉身의 어듸메 깃든지를 너도 모르는 서러운 너의 영혼을 늬가 이제 내 앞에 다시 없어도 나는 역력히 볼수가 있구나

　아아 이제사 깨닫는다 그리움이란 그 肉身의 그림자가 보이는 게 아니라 天地에 모양 지을수 없는 아득한 영혼이 하나 모습되어 솟아 오는것임을……

편 지

사라지는 이의 서러운 모습은
나의 고달픈 呼吸안에 잦아든다

가고 가면 돌아설 곳이 없어
地球가 둥글다는것도 運命이어라

저승에서라도 다시 만나지 말자
웃으며 나노인 어제 오늘

벗어버려도 웃어버려도
자꾸만 흩날리는 懊惱의 옷을

아 밀려오는 어스름 초밤별 아래
그대 이슬 되어 촉촉히 젖어드는데

永劫의 바람속에
꽃처럼 벙어리된 나의 靑春은……

絶　頂

　나는 어느새 천길 낭떠러지에 서 있었다 이 벼랑끝에 구름속에 또 그리고 하늘가에 이름 모를 꽃 한송이는 누가 피워 두었나 흐르는 물결이 바위에 부딪칠 때 튀어 오르는 물방울처럼 이내 공중에서 사라져 버리고 말 그런 꽃잎이 아니었다.

　몇만년을 울고 새운 별빛이기에 여기 한송이 꽃으로 피단 말가 죄 지은 사람의 가슴에 솟아 오르는 샘물이 눈가에 어리었다간 그만 불 붙는 심장으로 염통 속으로 스며들어 작은 그늘을 이루듯이 이 작은 꽃잎에 이렇게도 크낙한 그늘이 있을줄은 몰랐다.

　한점 그늘에 온 宇宙가 덮인다 잠자는 宇宙가 나의 한방울 핏속에 안긴다 바람도 없는곳에 꽃잎은 바람을 일으킨다 바람을 부르는 것은 날오라 손짓하는것 아 여기 먼 곳에서 지극히 가까운 곳에서 보이지 않는 꽃나무 가지에 心臟이 찔린다 무슨 野獸의 體臭와도 같이 戰慄할 향기가 옮겨 온다.

　나는 슬기로운 사람이 아니었다 그러기에 한송이 꽃에 永遠을 찾는다 나는 또 철모르는 어린애도 아니었다 永遠한 幻想을 위하여 絶頂의 꽃잎에 입맞추고 기리 잠들어 버릴 自由를 抛棄한다.

　다시 산길을 내려온다 조약돌은 모두 太陽을 呼吸하기 위하여 匕首처럼 빛나는데 내가 산길을 오를때 쉬어가던 주막에는 옛 주인이 그대로 살고 있었다 이마에 주름살이 몇개 더 늘었을뿐이었다 울타리에 복사꽃만 구름같이 피어 있었다 청댓잎 잎새마다 새로운 피가 돌아 산새는 그저 울고만 있었다.

　문득 한마리 흰나비! 나비! 나비! 나를 잡지말아다오 나의 人生은 나비 날개의 가루처럼 가루와 함께 絶命하기에 ──── 아 눈물에 젖은 한마리 흰나비는 무엇이냐 絶頂의 꽃잎을 가슴에 물들이고 邪된 마음이 없이 죄 지은 懺悔에 내가 고요히 웃고 있었다.

밤

누구가 부르는듯
고요한 밤이 있습니다.

내 영혼의 둘렛가에
보슬비 소리 없이 나리는
밤이 있습니다.

여윈 다섯 손가락을
촛불 아래 가즈런히 펴고

紫檀香 연기에 얼굴을 부비며
울지도 못하는 밤이 있습니다.

하늘에 살아도
우러러 받드는 하늘은 있어
구름 밖에 구름 밖에 높이 나는 새

창턱에 고인 흰뺨을
바람이 만져 주는
밤이 있습니다.

窓

강냉이 수숫대 자란
푸른 밭을 뜰로 삼고

구름이 와서 자다
흘러가고……

가고 가면 무덤에
이른다는 오솔길이

비둘기 우는 밭머리에
닿았습니다

외로이 스러지는 生命의
모든 그림자와

등을 마주대고 돌아 앉아
말 없이 우는 곳

至大한 空間을 막고
다시 無限에 통하나니

내 여기 기대어
깊은 밤 빛나는 별이나

이른 아침
떨리는 꽃잎과 얘기하여라

풀잎 斷章

무너진 城터 아래 오랜 세월을 風雪에 깎여온 바위가 있다.

아득히 손짓하며 구름이 떠가는 언덕에 말 없이 올라 서서

한 줄기 바람에 조찰히 씻기우는 풀잎을 바라보며

나의 몸가짐도 또한 실오리 같은 바람결에 흔들리노라

아 우리들 太初의 生命의 아름다운 分身으로 여기 태어나

고달픈 얼굴을 마조 대고 나즉히 웃으며 얘기 하노니

때의 흐름이 조용히 물결치는 곳에 그윽히 피어 오르는 한떨기 영혼이여

岩穴의 노래

야위면 야윌수록
살찌는 魂

별과 달이 부서진
샘물을 마신다.

젊음이 내게 준
서릿발 칼을 맞고

創痍를 어루만지며
내 홀로 쫓겨 왔으나

세상에 남은 보람이
오히려 크기에

풀을 뜯으며
나는 우노라.

꿈이여 오늘도
曠野를 달리거라

깊은 산골에
잎이 진다.

흙을 만지며

여기 피비린 玉樓를 헐고
따사한 햇살에 익어가는
草家三間을 나는 짓자.

없는 것 두고는 모두다 있는 곳에
어쩌면 이 많은 외로움이 그물을 치나.

虛空에 박힌 화살을 뽑아
한자루 호미를 벼루어 보자.

풍기는 흙냄새에 귀 기울이면
뉘우침의 눈물에서 꽃이 피누나.

마즈막 돌아갈 이 한줌 흙을
스며서 흐르는 산골 물소리.

여기 가난한 草家를 짓고
푸른 하늘이 사철 넘치는
한그루 나무를 나는 심자.

있는 것 밖에는 아무것도 없는 곳에
어쩌면 이 많은 사랑이 그물을 치나.

바다가 보이는 언덕에 서면

바다가 보이는 언덕에 서면
나는 아직도 작은 짐승이로다

人生은 항시 멀리
구름 뒤에 숨고

꿈결에도 아련한
피와 고기 때문에

나는 아직도
괴로운 짐승이로다

모래밭에 누워서
햇살 쪼이는 꽃조개같이

어두운 무덤을 헤매는 亡靈인듯
가련한 거이와 같이

언젠가 한번은
손들고 몰려오는 물결에 휩싸일

나는 눈물을 배우는 짐승이로다
바다가 보이는 언덕에 서면

思 慕

그대와 마조 앉으면
기인 밤도 짧고나

희미한 등불 아래
턱을 고이고

단 둘이서 나노는
말 없는 얘기

나의 안에서
다시 나를 안아 주는

거룩한 光芒
그대 모습은

運命보담 아름답고
크고 밝아라

물들은 나무 잎새
달빛에 젖어

비인 뜰에 귀또리와

함께 자는데

푸른 창가에
귀 기울이고

생각 하는 사람 있어
밤은 차고나

마 을

모밀꽃 우거진
오솔길에

羊떼는 새로 돋은
흰달을 따라간다

닐늬리 호들기 부던
소 치는 아이가*

잔디밭에 누워
하늘을 본다

산 넘어로 흰구름이
나고 죽는것을

木花 따는 색시는
잊어버렸다.

---

* 편집자 주 : 제3연 "닐늬리 호들기 부던 / 소 치는 아이가"는 《풀잎 斷章》에서는 "닐늬리 호들기가 없어서 / 소 치는 아이는"이었던 것이 《조지훈 시선》에 중재되면서 고쳐진 부분이다.

山

산이 구름에 싸인들
새 소리야 막힐줄이

안개 잦아진 골에
꽃잎도 떨렸다고

소나기 한주름 스쳐간 뒤
벼랑 끝 풀잎에 이슬이 진다

바위도 하늘도 푸르러라
고운 넌출에

사르르 감기는
바람 소리

鶯吟說法

　벽에 기대 한나절 조을다 깨면 열어제친 窓으로 흰구름 바라기가 무척 좋아라

　老首座는 오늘도 바위에 앉아 두눈을 감은채로 念珠만 센다

　스스로 寂滅하는 宇宙 가운데 몬지 앉은 經이야 펴기 싫어라

　篆煙이 어리는 골 아지랑이 피노니 떨기낡에 우짖는 꾀꼬리 소리

　이 골안 꾀꼬리 고운 사투린 梵唄소리처럼 琅琅하고나

　벽에 기대 한나절 조을다 깨면 지나는 바람결에 속잎 피는 古木이 무척 좋아라

달 밤

순이가 달아나면
기인 담장 위으로
달님이 따라 오고

분이가 달아나면
기인 담장 밑으로
달님이 따라 가고

하늘에 달이야 하나인데……

순이는 달님을 다리고
집으로 가고

분이도 달님을 다리고
집으로 가고

도라지꽃

기다림에 야윈 얼굴
물 위에 비초이며

가녀린 매무새
홀로 돌아 앉다.

못견디게 향기로운
바람결에도

입 다물고 웃지 않는
도라지꽃아.

枯 木

嶺넘어 가는 길에
임자 없는 무덤 하나
주막이 하나

시름은 무거운데
주머니 비었거다

하늘은 마냥 높고
古木가지에

서리 가마귀 우지짖는
저녁 노을 속

나그네는 홀로 가고
별이 새로 돋는다

嶺넘어 가는 길에
산 사람의 무덤 하나
죽은 이의 집

落　葉

바람에 낡아가는
古木 등걸에

오늘도 하로 해가
저무런고나

이무 突兀한
뫼뿌리 하나

蕭酒로운 구름 밖에
날카로운데

하나 둘 굴르는
落葉을 따라

흘러간 내 영혼의
머언 길이여

바람에 낡아가는
古木 등걸에

오늘도 하로 해가
저무런고나

送 行
―――― 輓 吳一島 先生

임 호을로 가시는 길
西域 萬里길

먼산 둘레 둘레
물구비마다

아득한 풀향기
밀려 오는 길

흰 옷자락 아슴 아슴
바람에 날아

모든 시름 잊으시고
피리를 불며

노을 타고 가시는 길
西城 萬里길

倚樓吹笛

다락에 올라서
피리를 불면

萬里 구름 길에
鶴이 운다

이슬에 함초롬
젖은 풀잎

달빛도 푸른채로
산을 넘는데

물우에 바람이
흐르듯이

내가슴에 넘치는
차고 흰 구름

다락에 기대어
피리를 불면

꽃비 꽃바람이

눈에 어리어

바라 뵈는 紫霞山
열두 봉우리

싸리나무 새순 뜯는
사슴도 운다

香　紋

성터 거닐다 줏어온 깨진 질그릇 하나
닦고 고이 닦아 열오른 두볼에 대어 보다.

아무렇지도 않은 곳에 무르녹는 옛향기라
질항아리에 곱게 그린 구름무늬가
금시라도 하늘로 피어날듯 아른하다.

눈 감고 나래 펴는 향그로운 마음에
머언 그 옛날 할아버지 흰수염이
아주까리 등불에 비최어 자애롭다.

꽃밭에 놓고 이슬 받아 책상에 올리면
그밤 내 벼개 머리에 옛날을 보리니
옛날을 봐도 내사 울지 않으련다.

石 門

　당신의 손끝만 스쳐도 여기 소리 없이 열릴 돌문이 있습니다 뭇 사람이 조바심치나 굳이 닫힌 이 돌문 안에는 石壁欄干 열두층계 위에 이제 검푸른 이끼가 앉았습니다.

　당신이 오시는 날까지는 길이 꺼지지 않을 촛불 한자루도 간직하였습니다 이는 당신의 그리운 얼굴이 이 희미한 불앞에 어리울 때까지는 千年이 지나도 눈 감지 않을 저의 슬픈 영혼의 모습입니다.

　길숨한 속눈섭에 항시 어리우는 이 두어방울 이슬은 무엇입니까 당신이 남긴 푸른 도포자락으로 이 눈물을 씻으랍니까.

　두 볼은 옛날 그대로 복사꽃 빛이지만 한숨에 절로 입술이 푸르러감을 어찌합니까.

　몇만리 구비치는 강물을 건너 와 당신의 따슨 손길이 저의 흰 목덜미를 어루만질 때 그때야 저는 자취도 없이 한줌 티끌로 사라지겠습니다 어두운 밤하늘 虛空中天에 바람처럼 사라지는 저의 옷자락은 눈물어린 눈이 아니고는 보지 못하오리다.

　여기 돌문이 있습니다 怨恨도 사모치량이면 지극한 정성에 열리지 않는 돌문이 있습니다 당신이 오셔서 다시 千年토록 앉아서 기다리라고 슬픈 비바람에 낡아가는 돌문이 있습니다.

伽倻琴

1

휘영청 달 밝은 제 창열고 홀로 앉다 품에 가득 국화향기 외로움이 병이어라.

푸른 담배연기 하늘에 바람 차고 붉은 술그림자 두뺨이 더워온다.

천지가 괴괴한데 찾아 올 이 하나 없다 宇宙가 茫茫해도 옛생각은 새로워라.

달 아래 쓰러지니 깊은 밤은 바다런듯 蒼茫한 물결소리 草屋이 떠나간다.

2

조각배 노 젓듯이 가얏고를 앞에 놓고 열두줄 고른 다음 벽에 기대 말이 없다.

눈 스르르 감고나니 흥이 먼저 앞서노라 춤추는 열손가락 제대로 맡길랐다.

구름끝 드높은 길 외기러기 울고 가네 銀河 맑은 물에 뭇별이 잠기다니.

내 무슨 恨이 있어 興亡도 꿈속으로 잊은듯 되살아서 임 이름 부르는고.

       3

風流 가얏고에 이는 꿈이 가이 없다 열두줄 다 끊어도 울리고 말 이 心思라.

줄줄이 고로 눌러 맺힌 시름 풀이랐다 머리를 끄덕이고 손을 잠간 슬적들어

뚱 뚱 뚱 두두 뚱뚱 흥흥 응 두두 뚱 뚱 調格을 다 잊으니 손 끝에 피맺힌다.

구름은 왜 안가고 달빛은 무삼일 저리 흰고 높아가는 물소리에 靑山이 무너진다.

趙芝薰 詩選

《청록집》에서 11편,
《풀잎 斷章》에서 23편을 각각
추려 36편의 새 작품과 함께
엮은 제3시집《조지훈 시선》
(1956, 正音社版).

趙芝薰 詩選

―

地獄記에서

길·1948 / 地獄記·1952 / 손·1948 / 月光曲·1938 / 鐘소리·1938 / 影像·1938 / 流竄·1938 / 鶴·1954 / 浮屍·1937 / 春日·1937 / 嶺·1940 / 落魄·1938 / 민들레꽃·1949 / 抱擁·1955 / 祈禱·1955 / 思慕·풀잎斷章 58면 /

풀잎斷章에서

밤·풀잎斷章 51면 / 풀잎斷章·풀잎斷章 54면 / 窓·풀잎斷章 52면 / 바다가 보이는 언덕에 서면·풀잎斷章 57면 / 풀밭에서·풀잎斷章 45면 / 그리움·풀잎斷章 47면 / 山 길·풀잎斷章 44면 / 絶頂·풀잎斷章 49면 / 雲翳 / 흙을 만지며·풀잎斷章 56면 / 花體開顯·1949 / 渺茫·풀잎斷章 46면 / 念願·1952 / 코스모스·1954 /

달밤에서

山 1·1941 / 山 2·1941 / 湖水·1940 / 幽谷·1940 / 꽃 새 암·1940 / 도라지꽃·풀잎斷章 64면 / 마을·풀잎斷章 60면 / 달 밤·풀잎斷章 63면 / 古寺 1·청록집 32면 / 古寺 2·청록집 33면 / 山房·청록집 37면 / 鶯吟說法·풀잎斷章 62면 /

山雨集에서

芭蕉雨·청록집 39면 / 落花 1·청록집(落花) 28면 / 落花 2·1943 / 靜夜 1·1940 / 靜夜 2·1940 / 枯木·풀잎斷章 65면 / 落葉·풀잎斷章 66면 / 玩花衫·청록집 34면 / 鷄林愛唱·1942 / 倚樓吹笛·풀잎斷章 68면 / 北關行 1·1940 / 北關行 2·1940 / 送行 1·1943 / 送行 2·풀잎斷章(送行) 67면 / 밤 길·1940 /

古風衣裳에서

古風衣裳·청록집 26면 / 鳳凰愁·청록집 25면 / 香紋·풀잎斷章 70면 / 梅花頌·1947 / 別離·1939 / 線·1939 / 石門·풀잎斷章 71면 / 僧舞·청록집 40면 / 舞鼓·청록집 27면 / 古調·1939 / 律客·청록집 35면 / 大笒·1947 / 伽倻琴·풀잎斷章 72면 /

길

　나는 세월과 함께 간다. 세월은 날 떨어트릴수가 없다.

　다만 세월은 술을 마실줄 모른다. 내가 주막에 들어 한잔 기울이고 잠이 든 사이에 세월은 나를 기다리며 저만치 앞서 간다. 나는 놀란듯이 일어나 세월을 따라간다. 나는 벌써 세월보다 앞에 가고 있었다. 숨이 가쁘다. 길가에 쓰러진다.

　또하나 세월이 달려와서 나를 붙들어 일으킨다. 다시 조용히 걸어간다. 먼저 가던 세월이 따라와서 풀밭에 주저앉는다. 두 세월이 무슨 얘기를 속삭인다. 나는 혼자서 그들을 기다리며 저만치 앞서 간다.

　나는 또 주막에 들어 한잔 기울일 수밖에 없다. 한잔 마시고 싸움하는 구경 좀 하고 나도 덩달아 큰 호통을 치고 멱살을 잡히고 이내 긴 노래 한 굽이를 꺾어 넘길수 밖에 없다. 그 무렵은 대개 黃昏이었다.

　새 세월이 작은 종이쪽 하나를 가지고 온다. 죽은 세월의 遺書! 종이를 펴든다. 거기 내가 그에게 들려준 노래가 적혀있다.

地獄記

　여기는 그저 짙은 오렌지빛 하나로만 물든 곳이라고 생각하십시오. 사람 사는 땅위의 그 黃昏과도 같은 빛깔이라고 믿으면 좋습니다. 무슨 머언 생각에 잠기게 하는 그런 숨 막히는 하늘에 새로 오는 사람만이 기다려지는 곳이라고 생각하십시오.

　여기에도 太陽은 있습니다. 太陽은 검은 太陽, 빛을 위해서가 아니라 차라리 어둠을 위해서 있습니다. 죽어서 落葉처럼 떨어지는 生命도 이 하늘에 이르러서는 눈부신 빛을 뿌리는것, 허나 그것은 流星과 같이 이내 스러지고 마는 빛이라고 생각하십시오.

　이곳에 오는 生命은 모두 다 파초잎같이 커다란 잎새 위에 잠이 드는 한마리 새올습니다. 머리를 비틀어 날개쭉지 속에 박고 눈을 치올려 감은채로 고요히 잠이 든 새올습니다. 모든 細胞가 다 죽고도 祈禱를 위해 남아 있는 한가닥 血管만이 가슴 속에 촛불을 켠다고 믿으십시오.

　여기에도 검은 꽃은 없습니다. 검은 太陽빛 땅위에 오렌지 하늘빛 해바라기만이 피어 있습니다. 스스로의 祈禱를 못가지면 이 하늘에는 한송이 꽃도 보이지 않는다고 믿으십시오.

　아는것만으로는 아무 소용이 없습니다. 첫사랑이 없으면 救援의 길이 막힙니다. 누구든지 올수는 있어도 마음대로 갈수는 없는곳, 여기엔 다만 오렌지빛 하늘을 우러르며 그리운 사람을 기다리는 祈禱만이 있어야 합니다.

손

1

　疾走하는 汽車에 뛰어든 靑年이 있었다. 靑年의 찢어진 心臟은 神의 領土의 한모퉁이를 붉게 물들였으나 神은 그의 靈魂을 불러주지 않았다. 四散된 肢體 위에 無意味한 太陽이 비취고 있었다. 여기 한나절을 微風이 불어와 피비린내를 싣고 向方없이 흘러갔다. 삶과 죽음의 이 永遠한 平行線위에 靑年은 깨물어 피터진 입을 맞추었다. 울어도 흐르지 않던 옛날의 눈물을 쏟았으나 人生은 하찮은 初等數學 —— 두줄기 레일은 끝내 모일줄을 몰랐다. 사랑과 미움의 軌道위에 제가슴의 뜨거운 한숨으로써 끝없이 굴러가는 汽車의 意味를 아는 사람은 아무도 없었다.

2

　鐵路가에는 떨어져 나온 靑年의 팔 하나가 던져져 있었다. 그 피묻은 손목에는 時計가 그대로 가고 있었다. 時計는 본대 主人이 없다. 항상 主人의 意志를 監視하는 者 그리고 反逆하는 者. 靑年은 왜 時計의 모가지를 비틀지 않고 저만 죽어갔을까. 永遠의 自己限定 위에서만 죽음은 成立한다. 죽는 者만이 永遠을 안다. 죽음은 時間意識의 殺戮이요 抛棄! 靑年의 生命이 끊어진 時間을 아는 사람은 아무도 없었다.

3

　神은 太初에 人間을 지을적에 흙으로써 빚지 않고 '로고스'로 빚었더니라. 사람에게 말을 주어 祈求와 咀呪를 함께 가르쳤나니 귀로 善을 듣게하고 눈으로 惡을 보게한 者여 '로고스'로 손을 만들어 罪惡의 연모가 되게한 者여 너는 그대로 原罪의 果實, 人類는 손때문에 일어나고 손때문에 滅亡하리라. 救援하라 人間의 손을——— 아무것도 바라지 않는 이 靑年의 虛無한 企圖, 그 一切의 抛棄 속에 哀切하고 眞實한 懇求가 있다.

4

　神의 權威에 犧牲된 손 하나가 여기 黃土길에 바려져 있다. 이미 영혼을 잃어버린 손은 그대로 하나의 落葉과 같다. 다섯 가락은 葉脈, 거기서 피가 흐른다. 아니 動物性 樹液이 흐른다. 虛空에 漂流하는 靑年의 영혼이야 救援되어도 이 별빛아래 바려져있는 靑年의 손은 까맣게 모르나니 犧牲으로 버림받은 者의 榮光은 '로고스'아닌 흙으로 還元하리라——— 時間의 손만이 虛空에 돌고 있었다.

月 光 曲

작은 나이프가 달빛을 빨아들인다. 달빛은 사과 익는 향기가 난다. 나이프로 사과를 쪼갠다. 사과 속에서도 달이 솟아 오른다.

달빛이 묻은 사과를 빤다. 少女가 사랑을 생각한다. 흰 寢衣를 갈아 입는다. 少女의 가슴에 달빛이 내려 앉는다.

少女는 두손을 모은다. 달빛이 간즈럽다. 머리맡의 詩集을 뽑아 젖가슴을 덮는다. 사과를 먹고나서 '이브'는 부끄러운 곳을 가리웠다는데 …… 詩集속에서 사과 익는 향기가 풍겨 온다.
달이 창을 열고 나간다.

時計가 두時를 친다. 聖堂 지붕 위 十字架에 달이 걸려서 處刑된다. 落葉소리가 멀어진다. 少女의 눈이 감긴다.

달은 虛空에 떠오르는 久遠한 圓光 그리운 사람의 모습이 달이 되어 復活한다. 부끄러운 곳을 가리지 못하도록 두 팔을 잘리운 '미로의 비너스'를 생각한다. 머리칼 하나 만지지 않고 떠나간 옛사람을 생각한다.

少女의 꿈속에 달빛이 스며든다. 少女의 心臟이 달을 孕胎한다. 少女의 잠든 肉體에서 달빛이 퍼져 나간다. 少女는 꿈속에서도 祈禱한다.

鐘소리

바람 속에서 鐘이 운다. 아니 머리 속에서 누가 징을 친다.

落葉이 흩날린다. 꽃조개가 모래밭에 딩군다. 사람과 새짐승과 푸나무가 서로 목숨을 바꾸는 저자가 선다.

사나히가 배꼽을 내놓고 앉아 칼 자루에 무슨 꿈을 彫刻한다. 계집의 징그러운 裸體가 나뭇가지를 기어 오른다. 혓바닥이 날름거린다. 꽃같이 웃는다.

劇場도 觀衆도 없는데 頭蓋骨안에는 悽慘한 悲劇이 無時로 上演된다. 붉은 慾情이 겨룬다. 검은 殺戮이 찌른다. 노오란 運命이 덮는다. 천둥 霹靂이 친다.
　아——

그 原始의 悲劇의 幕을 올리라고 숨어 앉아 몰래 징을 울리는 者는 대체 누구냐.

울지 말아라 울리지 말아라 깊은 밤에 구슬픈 징소리. 아니 白晝 대낮에 눈먼 鐘소리.

影　像

이 어둔 밤을 나의 창가에 가만히 붙어 서서
방안을 들여다 보고 있는 사람은 누군가.

아무 말이 없이 다만 가슴을 찌르는 두 눈초리만으로
나를 지키는 사람은 누군가.

萬象이 깨여 있는 漆黑의 밤 감출수 없는
나의 秘密들이 파란 燐光으로 깜박이는데

내 不安에 질리워 땀 흘리는 수 많은 밤을
종시 창가에 붙어 서서 지켜 보고만 있는 사람

아 누군가 이렇게 밤마다 나를 지키다가도
내 스스로 罪의 思念을 모조리 殺戮하는 새벽에——

가슴 열어 제치듯 창문을 열면 그때사 저
薄明의 어둠 속을 쓸쓸히 사라지는 그 사람은 누군가.

流 竄

검은 寢室의 유리창 가으로
붉고 푸른 옷을 입은 妖精이 춤추고

부서진 별들은 모여와서
온 밤을 귀또리보다도 섧게 울었다.

黑衣의 기인 옷자락을 끌고 메마른 손을 들어
流竄의 皇帝가 부는 피리소리!

내가 병든 太陽을 思慕하는 밤마다
杜鵑이 목청은 피에 젖어 있었다.

눈물의 勳章을 풀어 주고 술을 마시는
옛날의 옛날의 서러운 皇帝……

떠나간 靑春이 다시 술잔 속으로 돌아오는 밤에
駿馬의 創痍에 비가 나린다.

鶴

푸른 虛空에 모가지를 빼고
雲霄에 뽑는 울음이 차라리 웃음 같다.

하늘 그리움에 부질없는 다리가 길어
너는 한마리 슬픈 鶴

辱된 땅을 밟기에
한쪽 발을 짐짓 아끼는다.

배꽃 날리듯이 바퀴를 돌아
古木 千年에 둥주리를 친다.

浮 屍

고오이 자라다.
窒息하다.

슬픈 가슴 華美로운 惰性.

玉 같다 부서진 쪽빛 桎梏에
뜬 구름 하나 둘이 고운 輓歌라.

기울었다 하이얀 조각달조차
야윈 요카낭의 肋骨아 울어라.

작은 水族館 三角의 破窓.

맑은 性 살아오다 가는 호들기
길이 悔恨 없이 고오이 눈 감다.

春 日

동백꽃
붉은 잎새 사이로

푸른 바다의
하이얀 이빨이 웃는다.

창 앞에 부서지는
물결소리.

노랑 나비가
하나——

유리 花甁을
맴돈다.

꽃잎처럼
불려간다.

嶺

 흰 구름에 싸여 십릿길 높은 고개를 넘어서면 마을로 가는 작은 길가에 보리밭이 바람에 흔들린다. 내가 고개로 넘어오던 날은 마을에 삽살개 짖고 망아지 송아지 염소 모두 달아나고 멧새 비둘기도 날아 가더니 사흘도 못가 나는 잔디밭에서 그들과 벗을 한다. 내가 알던 동무 같이 자란 계집애는 돈 벌러 달아나고 먼 마을로 시집가고 마슬의 어린애야 누구 아들인지 알리 있나. 내가 떠날 때 망아지 송아지 염소가 서러웁다 하면 嶺너머 가기 어려우리만…… 내가 간뒤에는 面書記가 새하얀 여름 모자를 쓰고 산밑 주막에서 區長과 막걸리를 마실게고 나는 서울가는 기차 속에서 고향을 잃은 슬픔에 車窓에 기대어 눈을 감을 것이니 이 嶺을 넘는 날 나에게는 낡은 트렁크와 흰구름밖에는 아무도 따라 오질 않으리라.

落 魄

1

기울은 빌딩에 걸려
보름달이 電燈노릇을 한다.

은빛 어둠 아래 落魄한 슬픔이
초콜렛보담도 향기로워라.

깊은 밤에 외로운 발자욱 소리
散調 한가락을 밟으며 간다.

2

고요한 촛불 아래
고달픈 영혼이 가물거린다.

끓어 오르는 사모왈 앞에
눈물도 잊어버린 어제 오늘——

민들레꽃

까닭 없이 마음 외로울 때는
노오란 민들레꽃 한 송이도
애처럽게 그리워지는데

아 얼마나한 위로이랴
소리쳐 부를 수도 없는 이 아득한 距離에
그대 조용히 나를 찾아 오느니

사랑한다는 말 이 한마디는
내 이 세상 온전히 떠난 뒤에 남을것

잊어버린다. 못 잊어 차라리 병이 되어도
아 얼마나한 위로이랴
그대 맑은 눈을 들어 나를 보느니

抱　擁

抱擁은 죽음의 神秘와 같다.
아니 검푸른 深淵의
그 暗澹한 빛깔과 같다.
아니 그 어두운 深淵에서 솟아 오르는
한밤의 太陽과 같다.

抱擁은 그윽한 戰慄
높이 雲霄에 뻗쳐 오르는
서러운 鶴의 외줄기 울음

抱擁은 하염없는 사랑의 카타르시스
永遠한 訣別의 純粹持續

아 抱擁은 孤獨의 가없는 夢幻과 같다.
아니 죽음의 어두운
손길과 같다.
아니 超克할 길 없는 運命의
그림자와 같다.

祈 禱

'항상 나의 옆에 있는 그림자
그리고 全然 나의 옆에는 없는 그림자'

무너져 가는 사람을 위하여
기도하여 주십시오

쓰러지려는 사람을 위하여
기도하여 주십시오

얼마나 많은 時間속에
새겨진 모습입니까

찢어진 心臟을 위하여
기도하여 주십시오

가난한 눈물로 하여
영 시들어버릴 수가 없는

이 서러움의 싹을 위하여
기도하여 주십시오

나를 위하여 기도하는

당신의 그 音聲속에

나를 살게하여 주십시오
나를 잠들게 하여 주십시오

雲翳

　머언 산에 흐르는 구름이 얇은 그리매를 드리웠다 나 여윈 뺨에 한나절 어두운 그림자가 스쳐간다.

　하늘을 우러르고 땅을 굽어봐도 부끄러운 일 아직은 내게 없는데 머언 산을 바라보면 구름 그리매를 보면 나 水晶같은 마음에 슬픈 안개가 어린다.

　城北洞 넘어가는 城壁 고갯길 牛耳洞 連峰은 말 없는 石山 오랜 風雪에 깎이었어도 보라빛 하늘 있어 莊嚴하고나.

　오늘도 바다를 건너 꽃바람은 불어온다. 넋 잃고 돌아선 나의 눈시울에 어쩌면 가버린 옛보람을 다시 찾을거냐.

　산너머 하늘에 꿈을 두고 까닭 없이 눈물짓는 少年의 슬픔조차 잃어버렸는데 아아 사랑과 미움에 병든 人生은 바람에 나부끼는 구름 그리매 바위에 스며드는 가벼울듯 무거운 구름 그리매.

花體開顯

실눈을 뜨고 벽에 기대인다 아무것도 생각할 수가 없다

짧은 여름밤은 촛불 한자루도 못다 녹인채 사라지기 때문에 섬돌 우에 문득 石榴꽃이 터진다

꽃망울 속에 새로운 宇宙가 열리는 波動! 아 여기 太古쩍 바다의 소리 없는 물보래가 꽃잎을 적신다

방안 하나 가득 石榴꽃이 물들어 온다 내가 石榴꽃 속으로 들어가 앉는다 아무것도 생각할 수가 없다

念　願

　아무리 깨어지고 부서진들 하나 모래알이야 되지 않겠습니까. 石塔을 어루만질때 손끝에 묻는 그 가루같이 슬프게 보드라운 가루가 되어도 恨이 없겠습니다.

　촛불처럼 불길에 녹은 가슴이 굳어서 바위가 되던 날 우리는 그 차운 비바람에 떨어져 나온 分身이올시다. 宇宙의 한알 모래 자꾸 작아져도 나는 끝내 그의 모습이올시다.

　고향은 없습니다. 기다리는 임이 있습니다. 지극한 소망에 불이 붙어 이몸이 영영 사라져 버리는 날이래도 임은 언제나 만나뵈올 날이 있어야 하옵니다. 이렇게 거리에 바려져 있는 것도 임의 소식을 아는 이의 발밑에라도 밟히고 싶은 뜻이옵니다.

　나는 자꾸 작아지옵니다. 커다란 바위덩이가 꽃잎으로 바람에 날리는 날을 보십시오. 저 푸른 하늘가에 피어 있는 꽃잎들도 몇 萬年을 닦아온 조약돌의 化身이올시다. 이렇게 내가 아무렇게나 바려져 있는것도 스스로 움직이는 生命이 되고자 함이올시다.

　출렁이는 波濤속에 감기는 바위 내 어머니 품에 안겨 내 太初의 모습을 幻想하는 조개가 되겠습니다. 아——— 나는 조약돌 나는 꽃이팔 그리고 또 나는 꽃조개.

코스모스

 코스모스는 그대로 한떨기 宇宙 무슨 꿈으로 태어났는가 이 작은 太陽系 한줌 흙에———

 차운 季節을 제 스스로의 피로써 애닯게 피어있는 코스모스는 向方 없는 그리움으로 발 돋움하고 다시 鶴처럼 슬픈 모가지를 빼고 있다. 붉은 心臟을 뽑아 머리에 이고 가녀린 손길을 젓고 있다.

 코스모스는 虛妄한 太陽을 등지고 돌아 앉는다. 서릿발 높아가는 긴 밤의 별빛을 우러러 눈뜬다. '카오스'의 야릇한 無限秩序 앞에 少女처럼 옷깃을 적시기도 한다.

 神은 '사랑'과 '미움'의 두 世界 안에 그 서로 원수된 理念의 領土를 許諾하였다. 닿을 길없는 꿈의 象徵으로 地球의 한모퉁이에 피어난 코스모스——— 코스모스는 별바래기 꽃, 絶望속에 生誕하는 愛憐의 넋. 죽음 앞에 고요히 웃음 짓는 殉敎者. 아아 마침내 時間과 空間을 잊어버린 宇宙. 肉體가 精神의 무게를 지탱하지 못하는 코스모스가 종잇장보다 얇은 바람결에 떨고 있다.

 코스모스는 어느 太初의 '카오스'에서 비롯됨을 모른다. 다만 이미 태어난 者는 有限임을 알뿐, 宇宙여 너 이미 生成된 者여! 有限을 알지 못하기에 無限을 알아 마지막 祈禱를 위해서 피어난 코스모스는 스스로 敬虔하다.

코스모스는 깊은 밤만이 아니라 대낮에도 이 太陽系만이 아니라 다른 太陽系에서도 밤낮을 가리지 않고 무수한 별이 떨어져 가는 것을 안다. 宇宙는 한갓 變化와 壞滅만으로도 無限持續하는 立命임을 안다. 풀버레 목숨같이 흘러간 별이 어느 渾沌 속에서 다시 새로운 太陽系를 이룩할것을 믿지 않는다.

코스모스는 하염없는 꽃, 부질없는 사랑. 코스모스가 피어난 저녁에 별을 본다. 내가 코스모스처럼 피어 있을 어느 하늘을 찾아 億兆光年의 限없는 零을 헤여본다. 코스모스는 이 하얀 종잇장 위에 한줄의 詩가 씌어지지 않음을 모른다.

코스모스는 흘러온 별. 宇宙는 한송이 꽃. 고향이 없다. 뜨거운 입맞춤이 있다. 그리움은 외로운 者를 숨막힌 抱擁에서 놓아주질 않는다. 뼈조차 자취 없이 한방울 이슬로 녹을 때까지 ……

코스모스가 이미 그리움에 야외여 간다. 서럽지 않다.

山 1

산도 산인양 하고
물은 절로 흐르는 것이

구름이 머흐란 골에
꽃잎도 덧쌓이메라

오맛 산새 소리
하늘 밖에 날고

진달래 꽃가지엔
바람이 돈다.

湖 水

장독대 위로 흰달 솟고
새빨간 봉선화 이우는 밤

작은 湖水로 가는 길에
호이 호이 휘파람 날려보다

머리칼 하얀 옷고름
바람이 가져 가고

사슴이처럼 향긋한
그림자 따라

산밑 주막에서
막걸리를 마신다

幽 谷

꾀꼬리 새목청 트이자
뒷 골에 쏟아지는
진달래 꽃사태

복사꽃 빗발이
자욱히 스쳐가고

이끼 낀 바위 우에
點點히 꽃잎은
내려 앉았다.

흰 구름이 피어 오르는
무르녹는 봄
고요한 산 골로

파릇한 마파람
귓결에 감고

나도 모를
나의 마음이

차거운 물소리
밟으며 간다.

꽃 새 암

꽃필 무렵에
오는 추위

새촘하니 돌아선 모습이
素服한 女人 같다.

반쯤 연 꽃봉오리
안으로 다시 化粧하고……

吉日 고이 받아
햇살과 입맞초리

꽃봉오리 수집은 양이
시집 가기 전 첫색씨라.

落 花 2

피었다 몰래 지는
고운 마음을

흰 무리 쓴 촛불이
홀로 아노니

꽃 지는 소리
하도 가늘어

귀 기울여 듣기에도
조심스러라

杜鵑이도 한목청
울고 지친 밤

나 혼자만 잠 들기
못내 설어라

靜 夜 1

별 빛 받으며
발 자취 소리 죽이고
조심스리 쓸어 논 맑은 뜰에
소리 없이 떨어지는
은행 잎
하나.

靜 夜 2

한두 개 남았던 은행잎도 간밤에 다 떨리고
바람이 맑고 차기가 새하얀데

말 없는 밤 작은 망아지의 마판 꿀리는 소릴 들으며

산골 주막방 이미 불을 끈 지 오랜 방에서
달빛을 받으며 나는 앉았다 잠이 오질 않는다

풀버레 소리도 끊어졌다

鷄林哀唱

壬午年 이른봄 내 불현듯 徐羅伐이 그리워 飄然히 慶州에 오니 복사꽃 대숲에 철아닌 봄눈이 뿌리는 四月일네라. 보름 동안을 옛터에 두루 놀 제 鷄林에서 이 한 首를 얻으니 대개 麻衣太子의 魂으로 더불어 같은 韻을 밟음이라, 弔古傷今의 하염없는 嘆息일진저!

1

보리이랑 우거진 골 구으는 조각돌에
서라벌 즈믄해의 水晶하늘이 걸리었다

무너진 石塔우에 흰구름이 걸리었다
새소리 바람소리도 찬돌에 감기었다

잔띠우던 구비물에 떨어지는 복사꽃잎
玉笛소리 끊인골에 흐느끼는 저풀피리

비가오나 눈이오나 瞻星臺 위에 서서
하늘을 우러르는 나의 넋이여!

2

사람가고 臺는 비어 봄풀만 푸르른데
풀밭 속 주추조차 비바람에 스러졌다

돌도 가는구나 구름과 같으온가
사람도 가는구나 풀잎과 같으온가

저녁놀 곱게 타는 이 들녘에
끊쳤다 이어지는 여울물 소리

무성한 찔레숲에 피를 흘리며
울어라 울어라 새여 내설움에 울어라 새여 !

北關行 1

안개비 시름없이 나리는 저녁답
기울은 울타리에 호박꽃이 떨어진다.

흙향기 풍기는 방에 정가로운 호롱불 가물거리고
젊은 나가니 나는 강냉이 국수를 마신다.

두메산골이라 소치는 아이 풀피리 소리
베짜는 색시 고요히 웃는 양이 문틈으로 보인다.

北關行 2

강냉이 조팝에 감자를 먹으며
토방 마루에 삽살이와 함께 자고 ……

맑은 물 돌아 가는 곳
푸른 산이 열리놋다.

嶺 넘는 바윗길에 도라지꽃 홀로 피어
산길 七十里를 뻐꾸기가 우짖는다.

送 行 1

그대를 보내노니
푸른 산ㅅ길에

자욱히 꽃잎이
흩날리노라

가고 가면 꽃비 속에
白日은 지리

날 두고 그대 홀로
떨치고 간 소매가

섧지 않으랴

밤 길

"이 길로 가면은 주막이 있겠지요"

"나그네 가는 길에 주막이 없으리야
꽃같이 이쁜 색시 술도 판다오"

얼근히 막걸리에 취하신 영감님
愁心歌 한가락을 길게 뽑으며
달구지 달달 산 모루를 돌아간다
白楊나무 가지 우에 별이 피는데 ……

"人生 …… 한 번 …… 죽어지면 ……
萬樹 …… 長林에 …… 雲霧로구나"
구슬프고 아픈 가락 고요한 밤에
달구지꾼 영감님의 愁心歌 소리 ──

"여보 색시 나이는 몇살이오"
술상 앞에 앉은 색시 두손을 쥐어 본다.
"열아홉 ……"
새빨간 두볼이 고개를 들고서

"임자는 어데까지 가시는 길입네까"
"서울로 가는뎁쇼, 같이 갈까요"

木花송이 터지듯이 꿈길이 피어나서
이 색시 이 저녁에 서울길이 기룬게지!

"어 졸려라 이 색시 하로밤 같이 자구 갈까부다"
"자는 일 누가 말려 ……"

내가 도루 색시처럼 부끄러웠다.

長明燈 달아놓은 술집을 나오며
양산도 한가락을 날리어본다.

梅 花 頌

매화꽃 다진 밤에
호젓이 달이 밝다.

구부러진 가지 하나
영창에 비취나니

아리따운 사람을
멀리 보내고

빈 방에 내 홀로
눈을 감아라.

비단옷 감기듯이
사늘한 바람 결에

떠도는 맑은 향기
암암한 옛양자라

아리따운 사람이
다시 오는듯

보내고 그리는 정도
싫지 않다 하여라.

別　離

푸른 기와 이끼낀 지붕 너머로
나즉히 흰구름은 피었다 지고
두리기둥 난간에 반만 숨은 색시의
초록 저고리 당홍치마 자락에
말없는 슬픔이 쌓여 오느니——

십리라 푸른 강물은 휘돌아 가는데
밟고 간 자취는 바람이 밀어 가고

방울 소리만 아련히
끊질듯 끊질듯 고운 뫼아리

발 돋우고 눈 들어 아득한 連峰을 바라보나
이미 어진 선비의 그림자는 없어……
자주 고름에 소리 없이 맺히는 이슬 방울

이제 임이 가시고 가을이 오면
鴛鴦枕 비인 자리를 무엇으로 가리울꼬

꾀꼬리 노래하던 실버들가지
꺾어서 채찍 삼고 가옵신 님하……

線

아름다이 휘어져 넘은 線은
사랑에 주우린 靈魂의 향기

怨恨과 祈願과 希求와…… 조촐한 마음이
그 線으로 흘러 흘러

푸른 磁器 아득한 살결에서
슬픔의 歷史를 읽어본다.

불러진 노래 만들어진 물건이
가느다란 線으로 이루어진것

안으로 안으로 들어가는 神秘한 나라에
맑고 곱게 빼어난 線은
아픈 마음의 눈물이 아니냐

터지는 울음을 도로 삼키고
고요히 웃는듯 고운 線
사랑에 주우린 靈魂이 피어나온다.

古 調*

파르롭은 구름 무늬 고이 받들어
네벽에 소리 없이 고요가 숨쉰다

밖에는 푸른 하늘 龍트림 우에 이슬이 나리고
둥글다 기울어진 半夜月 아래 서름은 꽃이어라

당홍 樂服에 검은 紗帽 옷깃 바로 잡아
소리 이루기 전 눈 먼저 스르르 나려 감느니

바람 잠잔 뒤 바다속 같이 조촐한 마음
아으 흘러간 太平盛世!

가락 떼는 손 소릴 따라 恍惚히 춤추고
끊어질듯 이어지고 잇기는듯 다시 끊어져
흐드기는 갈대청 大笒 소리야 서러워라

青孀의 情怨보담 아픈 가락에 피리는 울고
二十五絃 琴瑟이 和하는 소리
퉁겨지는 줄 우에서 원앙새야 울어라

* 편집자 주 : 초고의 時題는 〈霽月之曲〉이었는데, 여기 실린 것은 초고의 것이 약간 수정된 것임.

琥珀鐘 술잔에 찰찰이 담아든 노란 菊花酒
아으 흘러간 太平盛世!

乾坤이 不老 月長在하더니
꽃피던 榮華 北邙으로 가고

빈 터에 雜草만 우거진 것을
밤새가 와서 울어 옌다

舞姬 흩어진 뒤 무너진 殿閣 뒤에
하이얀 나비는 날아라
난 이는 모다 죽는 것을

달진 뒤 天心에 별이 늘고 어제도 오늘도 다 한가지
아으 흘러간 太平盛世!

大 笒

어디서 오는가
그 맑은 소리

처음도 없고
끝도 없는데

샘물이 꽃잎에
어리우듯이

촛불이 바람에
흔들리누나

永遠은 귀로 들고
刹那는 눈 앞에 진다

雲霄에 문득
기러기 울음

사랑도 없고
悔恨도 없는데

無始에서 비롯하여

虛無에로 스러지는

울리어 오라
이 슬픈 소리

趙芝薰 詩選 후기

　영혼의 기갈(飢渴)이란 것이 있다면 시(詩)는 바로 그것을 충족시키기 위한 어쩔 수 없는 작위(作爲)의 소산(所産)이다. 시인에게는 정신의 파괴된 균형을 복구하는 방도가 시를 쓴다는 그 어쩔 수 없는 '제작의 진실' 이외에는 달리 없기 때문이다. 그러므로 시인에게는 시를 제작한다는 사실이 전부요 제작된 시란 이미 다시 그 시인을 충족시켜 줄 아무런 힘도 없는 것이다. 이 말은 곧 시 쓰는 고통 그 자체가 시의 최대 열락(悅樂)이라는 말이다. 그대로 남겨 두기에는 너무 초라하여 차라리 분뇨(糞尿)와 같이 꺼림칙하고 아주 버리기에는 좀 서운하여 못난 자식에 대한 애착(愛着)과도 같은 환멸(幻滅)——이것이 바로 시인으로 하여금 제가 쓴 시를 제 손으로 다시 만지지 못하게 하는 까닭이 되는 것이다. 시에 대한 이러한 견해 때문에 나는 나 개인의 단독시집(單獨詩集) 내는 것을 회피하여 왔다. 아니 회피했다기보다는 시집에 대해서 그다지 성의를 가지지 않았다고 하는 것이 더 적절할 것이다.
　이번에 시우(詩友)들의 권고(勸告)로 졸(拙)한 시들을 자선(自選)하면서 느낀 것은 쓰는 대로 시집을 내어버리지 않은 것이 나를 난경(難

境)에 빠뜨렸다는 생각이었다. 20년 세월을 시를 써 오는 동안에 나의 작품 세계는 그 변이(變移)가 매우 심해서 도저히 한 권의 시집 속에는 같이 앉힐 수 없는 것이 있었기 때문이었다. 쓰는 대로 시집을 내어서 자기 정리를 감행했던들 이런 부질없는 고충은 사지 않았을 것이기에 말이다. 이미 써 놓은 시는 좋든 나쁘든 내 것이 아닌 것을 내가 괜히 시를 너무 두려워한 것이 아니던가.

지금까지 내가 쓴 작품은 150편을 헤아리게 되었다. 그 중에 20편 정도는 잃어버려서 찾을 길이 없었으나, 그 나머지는 대개 모을 수가 있었는바 그것들을 비슷한 것끼리 따로 골라 여섯 가지로 나눌 수가 있었다.

한번 자리잡은 시심(詩心)은 용이(容易)히 변혁되는 것은 아니어서 그 여섯 가지 작품 세계는 절로 일관되는 바탕이 있기는 하다. 이것이 남들이 보기에는 나의 시가 그다지 변하지 않은 듯한 느낌을 주는 소이연(所以然)이 되지만, 작자 자신에게는 작품의 소재와 구성의 각도의 현격(懸隔)은 그대로 시생활 변환의 증좌(證左)가 되기 때문에 그 작품들 상호간의 동떨어진 거리가 한결 심하게 느껴지는 것이다. 이러한 여섯 가지 작품세계는 물론 어느 것이나 다 그 싹을 나 자신 안에 지니고 있지만, 그것들은 단락지우지 않았기 때문에 나의 작품 세계는 이 여섯 가지가 혼선을 일으키면서 지속되어 왔다는 말이다.

이와 같은 나의 시의 사정(私情)은 시선(詩選)이란 이름을 감당할 수가 없었다. 왜 그러냐 하면 여섯 권의 시집을 다 낸 뒤가 아니면 시선(詩選)이란 이름 아래 모을 작품이 따로 없을 뿐 아니라 상당한 수의 미발표, 미수록 작품을 처리하기가 곤란했기 때문이다. 적어도 세 권의 시집이 아니면 그 전작품을 한 권에 싣는 것이 이 난점을 해소하는 방법이 되겠으나, 이는 오늘의 우리 현실에서는 불가능한 욕심이었다. 궁여(窮餘)의 일책(一策)으로 다섯 권 몫의 시집에서 한 자리에 앉힐 수 있는 70편을 뽑아서 색책(塞責)한 것이 이 시집이다. 이로써 나의 제6시집《羇旅抄》전편을 제외한 나머지 다섯 권에서 각기 15편 내외가 이 시선(詩選)에 수록된 셈이다.

《청록집》에 수록된 나의 시는 세 권 몫에서 12편을 뽑은 것이요, 《현대시집 3》 소수(所收)의 졸시편(拙詩篇)은 네 권 몫의 시집에서 27편, 《풀잎 단장》은 다섯 권 몫에서 35편을 뽑은 시선(詩選)들인바, 그 대부분의 작품은 여러 번 중복되었고 수시로 소수 작품의 출입이 있었을 따름이다. 이 시선(詩選)도 대부분은 여러 선집(選集)에 들었던 것 속에서 38편과 전연 들지 않았던 것 중에서 32편을 뽑아서 모은 것이다.

이 시집에 수록된 작품들은 연대순으로 놓여져 있지를 않다. 같은 계열의 작품을 한데 모아 5부에 나누고 그 다섯 부류가 이 시집 안에서 자연히 변이(變移)되는 하나의 모습을 만들기 위하여 그 차서(次序)를 새로 배정한 까닭이다. 그러므로 내 시를 읽어 주는 이에게 참고가 될까 하여 '작품연표'를 따로이 붙였거니와 나의 시의 순차적(順次的) 변천에 대하여서도 조금 언급해 두는 것이 나의 예의일 것 같다.

내가 처음 시를 쓰기 시작할 때, 이를테면 습작시대(習作時代)의 바탕을 이루었던 작품세계와 그에 혈맥(血脈)이 닿는 작품들을 제1부로 모았다. '지옥기'(地獄記)의 시편(詩篇)이 그것이다.

동인지《백지》(白紙)에 참가했던 무렵을 전후해서부터 지금까지 간헐적으로나마 지속되어 온 작품세계이니 나의 암울과 회의, 화사(華奢)와 감각은 이 때부터 시작된 모양이다.

내가 처음 발을 붙였던 시세계는 〈고풍의상〉(古風衣裳), 〈승무〉(僧舞)를 쓰면서부터 일변하였다. 이 시기는《문장》지의 추천을 받을 무렵이니 내 자신의 시를 정립하기 위한 발판은 이 때에 이루어졌던 것이다. 제 5 부 '고풍의상'(古風衣裳)의 시편들이 그것이다. 사라져 가는 것에 대한 아쉬움의 애수, 민족정서에 대한 애착이 나를 이 세계로 끌어넣었던 줄로 안다.

  그 다음이 곧 내가 오대산 월정사로 들어간 시기이다. 주로 소품의 서경시(敍景詩), 선미(禪味)와 관조(觀照)에 뜻을 두어 슬프지 않은 몇 편을 이 때에 얻었으니 제 3 부 '달밤'에 수록한 것이 그것이다.

  그 다음이 절간에서 돌아와 '조선어 학회'에 있을 무렵의 시 또는 경주 순례를 비롯하여 낙향중의 방랑시편을 수록한 것이니 제 4 부의 '산우집'(山雨集)이 그것이다. 한만(閑漫)한 동양적 정서 이것은 그 시절의 나의 향수였다.

  고향으로 돌아가 해방을 맞는 동안에 쓰기 시작한 작품세계를 제 2 부 '풀잎 단장'에 거두었다. 해방후 사회적 혼란이 다소 가라앉은 후 다시 쓴 시편들 중에 이 계열에 속하는 것이 가장 많은 편이다. 자연과 인생, 사랑과 미움에 대한 고요한 서정이 그 중심이 되어 있었다.

  대개 이와 같은 순서로 나의 작품세계는 옮겨왔지만 작품연표에 보이는 바와 같이 전체적으로는 이러한 여러 계열이 뒤섞여서 씌어졌음을 알 수 있으며 그러한 여러 작품계열의 바탕은 이미 해방전에 마련된 것들임을 알 수 있다. 이러고 보면 나의 시는 별로 변한 것이 없다고도 할 수 있을 것이다.

  여기 수록되지 않은 제 6 부의 '기려초'(羇旅抄)는* 해방 직전직후와 동란 직전직후의 그 어두운 현실 속에서 고민의 도정을 노래한 것들인바 생각한 바 있어 여기서는 아주 편외에 두기로 하였다.

  끝으로 이 시선을 위하여 어지러운 초고를 자진해서 읽어 주었을 뿐 아니라 지기로서의 충고를 베풀어 준 외우(畏友) 서정주 형의 노고

---

  * 편집자 주 : 본 후기의 '기려초'는 지훈이 생존시 그가 발표했던 시를 출판하기 위하여 한데 모아 묶어서 시집의 가제(假題)로 붙인 제목이다.

를 감사하며 우리의 오랜 우의를 다시 깨닫거니와 이렇게 하잘것없는 시를 모으게 된 것이라든지 또 이렇게 긴 후기까지 쓰게 된 것은 모두 최영해(崔暎海) 형의 따뜻한 권고에 좇음임을 아울러 밝혀서 나의 감사를 삼는 한편 나로 하여금 속루(俗累)의 기롱(譏弄) 하나를 더 마련하게 한 친구들의 호의를 웃으면서 붓을 놓는다.

丙申 榴夏
성북의 枕雨堂에서
著 者 志之

歷史 앞에서

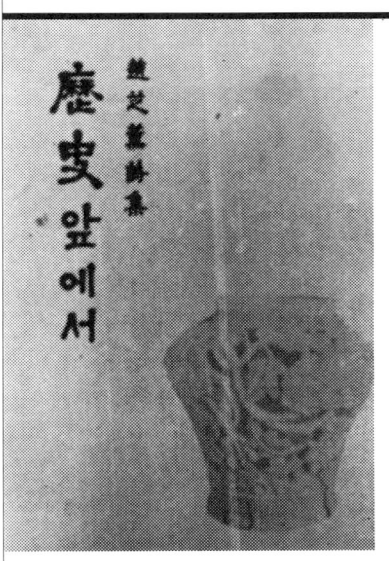

《풀잎 斷章》에서 3편을 뽑아
새 작품과 함께 엮은
제4시집 《歷史 앞에서》
(1959, 新丘文化社 版).

歷史 앞에서
―

岩穴의 노래
눈오는 날에 / 꽃 그늘에서 / 기 다 림 / 岩穴의 노래·풀잎 斷章 55면 / 도라지꽃·풀잎 斷章 64면 / 바램의 노래 / 動物園의 午後 / 鼻 血 記 /

歷史 앞에서
山上의 노래 / 비가 나린다 / 그들은 왔다 / 그대 荊冠을 쓰라 / 十字架의 노래 / 歷史 앞에서 / 불타는 밤거리 / 빛을 찾아 가는 길 / 마음의 太陽 / 흙을 만지며·풀잎 단장 56면 / 첫 祈禱 /

戰 塵 抄
絶望의 日記 / 맹 세 / 이기고 돌아오라 / 戰線의 書 / 風流兵營 / 靑馬寓居有感 / 多富院에서 / 桃李院에서 / 여기 傀儡軍戰士가 쓰러져 있다 / 竹嶺戰鬪 / 서울에 돌아와서 / 奉日川酒幕에서 / 너는 지금 三八線을 넘고 있다 / 延白村家 / 浿江無情 / 壁 詩 / 鐘路에서 /

劍西樓嘯詠
언덕 길에서 / 피빛 年輪 / 天地呼應 / 이날에 나를 울리는 / 빛을 부르는 새여 / 새아침에 / 우리 무엇을 믿고 살아야 하는가 / 어둠 속에서 / 箴 言 /

追慕의 모래
死六臣追慕歌 / 先烈追慕歌 / 石吾·東吾先生追悼歌 / 仁村先生 弔歌 / 海公先生 弔歌

역사 앞에서 序

  여기 수록하는 46편의 시는 주로 내가 겪은바 시대와 사회에 대한 절실한 감회를 솟는 그대로 읊은 소박한 시편이다. 그 중 5, 6편을 제외하고는 모두 다 나의 기간(旣刊) 시집 또는 어느 선집에도 수록하지 않은 것들이니 전연 미발표의 것도 십여 편 포함되어 있다.

  발표할 수 없었던 탓으로, 발표할 시기를 놓쳤기 때문에, 혹은 좀더 손을 보기 위해서 발표를 미루어 온 것을 한데 모으다 보니 따로 한 권의 시집이 엮고 싶어져서 이렇게 그것들끼리만을 일부러 한자리에 앉혀 보았다. 시집 이름을 "역사 앞에서"라고 붙이는 것은 그것이 여기 수록된 시제(詩題)의 하나일 뿐 아니라 이 시집 전체가 하나의 역사의 흐름으로 일관된 것이기 때문이다.

  내 시가 걸어온 바탕으로서 또는 내 정신이 지나간 노정(路程)으로서의 회상을 위하여 나는 이들 시편을 초고대로 싣게 하고 다시 손을 대지 않았다. 이것은 우리들 슬픈 세대의 공동한 배경――― 우리 시가 두 번 다시 이런 슬픈 역사 앞에 서지 않게 되기를 비는 마음 간절하다.

1959 己亥 입동날

著 者 志之

눈 오는 날에

검정 수목 두루마기에
흰 동정 달아 입고
창에 기대면

박넌출 상기 남은
기울은 울타리 위로 장독대 위로
새하얀 눈이
나려 쌓인다
홀로 지니던 값진 보람과
빛나는 자랑을 모조리 불사르고
소슬한 바람 속에
落葉처럼 無念히 썩어 가며는

이 虛妄한 時空 위에
내 외로운 영혼 가까이
꽃다발처럼 꽃다발처럼
하이얀 눈발이
나려 쌓인다

마음 이리 고요한 날은
아련히 들려오는
서라벌 千年의 풀피리 소리

悲哀로 하여 내 혼이 야위기에는
絶望이란 오히려
나리는 눈처럼 포근하고나

꽃 그늘에서

눈물은 속으로 숨고
웃음 겉으로 피라

우거진 꽃송이 아래
조촐히 굴르는 산골 물소리 ……

바람소리 꾀꼬리소리
어지러이 덧덮인 꽃잎새 꽃낭구

꽃다움 아래로
말없이 흐르는 물

아하 그것은
내마음의 가장 큰 설움이러라

하잔한 두어 줄 글 이것이
어찌타 내 靑春의 모두가 되노.

기 다 림

고운 임 먼 곳에 계시기
내 마음 애련하오나

먼 곳에나마 그리운 이 있어
내 마음 밝아라.

설은 세상에 눈물 많음을
어이 자랑삼으리.

먼 훗날 그때까지 임 오실 때까지
말 없이 웃으며 사오리다.

부질없는 목숨 진흙에 던져
임 오시는 길녘에 피고저라.

높거신 임의 모습 뵈오량이면
이내 시든다 설을리야……

어두운 밤하늘에
고운 별아.

바램의 노래

궂은비 나리는 밤은 깊어서
내 이제 물결 속에 외로이 부닥치는 바위와 같다.

두터운 벽에 귀 대이면
그래도 강물은 흐르는 것이고
거센 물결 우에 저 멀리
푸른 하늘이 보이는 것을──

바램에 목마른 젊은 혼은 주검도 향기롭게 그려보노니
사랑하라 세월이여
쓸쓸한 마을의 黃土 기슭에
복사꽃은 언제나 피고 웃는가.

캄캄한 어둠 속에 창을 열고
누구에게 불리운듯 홀로 나서면

거칠은 바람속에 꺼지지 않는 등불
아 작은 호롱불이

어둠속에 오는가
나를 찾아 오는가.

動物園의 午後

마음 후줄근히 시름에 젖는 날은
動物園으로 간다.

사람으로 더불어 말할 수 없는 슬픔을
짐승에게라도 하소해야지.

난 너를 구경오진 않았다
뺨을 부비며 울고 싶은 마음.
혼자서 숨어앉아 詩를 써도
읽어 줄 사람이 있어야지

쇠창살 앞을 걸어가며
정성스리 써서 모은 詩集을 읽는다.

鐵柵 안에 갇힌 것은 나였다
문득 돌아다 보면
四方에서 창살틈으로
異邦의 짐승들이 들여다 본다.

"여기 나라 없는 詩人이 있다"고
속삭이는 소리 ……

無人한 動物園의 午後 顚倒된 位置에
痛哭과도 같은 落照가 물들고 있었다.

鼻血記

　峨峨한 山脈이 보름달을 消火한 뒤 검은 베일 뒤에 귀또리 울음만이 떨고 있다. 램프는 肺를 앓는 것이고 찌그러진 책상에는 키르케골이 밤내 흐느껴 우는 것이다. 이런 슬픈 舞臺에서 나는 火酒 몇 잔에 貞操를 팔고 불쌍한 俳優가 되어 있다. 俗惡한 興行師 二十世紀는 램프와 함께 나를 絶命하라지만 나는 죽지 않는다 죽을 수가 없다. 내가 나를 反逆하는 길은 아무리 짓밟혀도 살아 있다는 存在 그것뿐── 침을 뱉어라 침을 뱉을 이가 누구냐. 돌을 던져라 돌을 던질 사람이 하나도 없다는 것이 서러웁구나. 神이여! 항상 저희를 살려 두시고 괴롭히시는 당신의 悲劇精神을 저희는 尊重하옵니다. 죽어서 비웃음 받을 슬픔보다는 살아서 울 수도 없는 悔恨을 주십시오. 눈물을 잊어버린 사나이에게 어쩌자구 한 잔 술을 권하는 사람들만 이리도 많은가 꼭같은 恨이 있어 같이 울자구 이 술잔 이 同情을 내게 주는가. 술을 마시고 피를 뽑아주마. 더운 피를 아낌 없이 너를 위해 뽑아주마. 어둔 밤에 어둔 밤에 瀟湘江 물소리처럼 흐르는 코피 손수건도 걸레쪽도 빛이 변했다. 그리운 옛날의 어느 마을 앞 굽이치는 강물에 복사꽃 지는 철이 이러했었다. 淋漓한 핏방울에 옷을 적시고 슬픈 일이 없어서 웃어본다. 이러한 밤에 내가 부르고 싶은 단 하나의 이름이여── 당신이 논아주신 피를 저는 이렇게 헐값으로 흘리고 있습니다.

山上의 노래

높으디 높은 산 마루
낡은 古木에 못 박힌듯 기대어
내 홀로 긴 밤을
무엇을 간구하며 울어 왔는가.

아아 이 아침
시들은 핏줄의 구비구비로
사늘한 가슴의 한복판까지
은은히 울려오는 종소리.

이제 눈감아도 오히려
꽃다운 하늘이거니
내 영혼의 촛불로
어둠 속에 나래 떨던 샛별아 숨으라.

환히 트이는 이마 우
떠오르는 햇살은
시월 상달의 꿈과 같고나.

메마른 입술에 피가 돌아
오래 잊었던 피리의
가락을 더듬노니

새들 즐거이 구름 끝에 노래 부르고
사슴과 토끼는
한 포기 향기로운 싸릿순을 사양하라.

여기 높으디 높은 산마루
맑은 바람 속에 옷자락을 날리며
내 홀로 서서
무엇을 기다리며 노래하는가.

비가 나린다

비가 나린다
목 마른 땅 우에
오뇌하는 生靈의 가슴 우에
촉촉히 젖어들도록 비가 나린다.

거룩한 祭壇 우 타오르는 햇불 아래
피로 물들인 잔을 들어
값진 희생으로 사라진 이와
팍팍한 黃土 우에 엎드려 울던 사람들

아아 백성의 마음은 하늘이니라 나리는 비는
얼마나 달고 아름다운가
사슴과 비둘기 포기 포기 푸나무도
조용히 목을 추기자

우리 다 함께 바라거니
어린 무리를 이끌어
이 귀한 물을 홀로 탐하는 이 누군가.

우리 다 함께 바라거니
지내간 날의 공을 자랑하여
이 맑은 샘을 흐리는 이 있는가.

이리와 배암도 悔悟의 잔을 들어
마지막 목을 추기라
병든 겨레의 피를 빨던 입술에

아아 백성의 마음은 하늘이어니
이 샘은 얼마나 달고도 두려운 것인가.

비가 나린다
물 소리 예런듯 새론 하늘이 트이고
풀 향기 솟치는 언덕 위에
칠색 무지개를 놓으려
여기 포근히 비가 나린다.

그들은 왔다

아득한 옛날 먼 서쪽에서 길 떠나
해 돋는 아침의 나라, 그들 마음의 고장을 찾아서
東方으로 東方으로 물결쳐 내려오는
한 떼의 흰옷 입은 무리가 있었다.

세월은 苦難의 길 그들 萬年의 搖籃을 버리고
새로운 꿈은 새로운 땅에서 이룩하려
어둠을 滅하는 새벽을 불러일으킬 수탉의 넋을 가슴마다 지닌채
몇만리 앞길에 向方을 그르치지 않는
무궁한 星座를 우러르며 그들은 왔다.

거룩한 보람에 소용돌이치는 心臟의 鼓動을
이 가슴에서 저 가슴에로 울려 나가는 종소리로 들으며
한 줄기 光明 앞에 무릎 꿇어 기도하는 마음으로 그들은
눈물과 노래로 영혼을 달래며
피 비린 世紀의 밤길을 가는 나그네 ──

때로 어둠을 틈 타 몰려 오는
사나운 도적서리에 무찔리어
그들의 純한 피 흰 옷자락에 斑斑히 아롱졌나니
별빛 아래 눈물로 간 돌칼 돌창도
오로지 不義를 막기 위한 것

꽃보담 더 붉은 피 邪惡 앞에 뿌리고
傲慢한 무리의 가슴에
화살을 겨누며 그들은 왔다.

꿈을 찾는 가슴일래 목숨은 새털보담 오히려 가볍고
처음이요 마지막인 피의 啓示는
義를 위한 죽음 속에 깃들어 있어……
不義의 원수의 독한 이빨에 온 族屬이 무찔리기로
무슴다 잊을리야 그 맑은 꿈의 빛나는 아침을 비는 마음이
가고픈 나라를 찾지 못하고 비바람에 낡아가는 흰뼈가 된들
거룩한 보람에 悔恨은 없노라
가슴 깊이 새기며 그들은 왔다.

暗黑의 원수 앞에 맨발 벗고 달릴 때
피맺힌 손길이 창과 활을 잡았으나
마음 가난하고 착한 백성 함께 춤추기 위하여
품속 깊이 피리 한쌍 지니기를 잊지 않은 그들은
실상 싸움보담 平和를
칼보담은 피리를 사랑하는 백성이었다.

아 눈보다 흰 옷 옷보다 더 흰 마음이
순하디 순한 양떼처럼 풀밭에 머리 모아

먼 하늘에 흐르는 별빛을 손짓하고
굽이치는 강물에 귀 기울이느니
언제사 언제사 그들 가슴에
환히 트이는 새론 하늘과
아름다운 山川의 눈부신 太陽이 솟아오려나.

그대 荊冠을 쓰라
—— 美의 司祭가 부르는 노래

그대 七寶의 冠을 벗고
삼가 荊棘의 冠을 머리에 이라.

그대 아름다운 象牙의 塔에서 나와
메마른 黃土 언덕 거칠은 이땅을 밟으라.

노래하는 새, 꽃이팔 하나 없는 이 길 위에
그대 거룩한 圓光으로 빛부시게 하라.

눈물 이슬되어 풀잎에 맺히고
良心의 太陽 하늘에 빛내고저

그대 너그러운 덕이여
소란한 세상에 내리라.

날 오라 부르는 그대 음성
언제나 귓가에 사무치건만

아직도 내 스스로
그대 앞에 돌아가지 못함은

邪惡의 얽힘 속에 괴롬의 쓴 잔을 들고
不義에 굽히지 않는 그대의 法度를 받음이니

그대 약한 자의 벗,
맨발 벗고 이 가시밭길을 밟으라
여기 荒野에 나를 이끌어
목놓아 울게 하라.

이 세상 더러움
오로다 나로 하여 있는듯
오늘 呻吟하는 무리 앞에
진실로 죄로움을

제 눈물로 적시어 씻게 하느니
오오 詩여 빛이여 힘이여!

十字架의 노래
───── ECCE HOMO

눈물 먹음은듯 내려 앉은 잿빛 하늘에
오늘따라 소슬한 바람이 이는데
오랜 괴로움에 아픈 가슴을 누르고
말없이 걸어가는 이 사람을 보라.

뜨겁고 아름다운 눈물이 흩어지는 곳마다
향기로운 꽃나무 새싹이 움트고
멀리 푸른 바다가 솨하고 울어 오건만
만백성의 괴로움을 홀로 짊어지고
죄없이 十字架에 오르는
이 사람을 보라.

弔鐘은 잠자고
沈默의 空間에 거미는 줄을 치는데
머리에 피맺힌 荊冠을 이고
풀어진 사슬 앞 새로 세운 十字架에
못박히는 受難者 이 사람을 보라.

칼과 몽치를 들고온 무리에게 나를 팔고자
내 뜨거운 가슴에 입맞추던 유다여
스스로의 뉘우침에 목을 매고 울어라

마음에는 원이로되 육신이 약하도다
닭 울기 전 세 번이나 배반한 베드로여
내려뜨린 검은 머리 蒼白한 뺨에
불타는 듯 비춰오는
이 골고다의 저녁 노을을 보라.

이미 정해진 運命 앞에 내가 섰노라
겹겹이 싸여오는 원수 속에서
이제 다시 죽음도 새로울리 없노니
亡滅할진저 亡滅할진저 十字架를 세운 者는 亡滅할진저
내 復活하는 날 온 몸의 못자욱을 너는 보리라.

언제나 비최는 저 맑은 빛과
어데서나 피는 꽃 내 보람이여!
죽지 않으리 죽지 않으리
천번을 못박아도 죽지 않으리.

이 絶望 같은 언덕에 들려오는 것
바위를 물어뜯고 왈칵 넘치는
海溢이여 마즈막 물결 소리여!

아아 이 사람을 보라

죄없이 十字架에 오른 나를 보라.
이는 東方의 아들 平和의 王
눈물과 良心 속에 촛불을 켜고
나를 부르라 다시 오리니
하늘이여 열리라 이 사람을 보라.

———— 美蘇共委에

歷史 앞에서

滿身에 피를 입어 높은 언덕에
내 홀로 무슨 노래를 부른다
언제나 찬란히 티어 올 새로운 하늘을 위해
敗者의 榮光이여 내게 있으라.

나조차 뜻 모를 나의 노래를
虛空에 못박힌 듯 서서 부른다.
오기 전 기다리고 온 뒤에도 기다릴
永遠한 나의 보람이여

渺漠한 宇宙에 고요히 울려 가는 설움이 되라.

불타는 밤거리

太初의 하늘에서 얻은 불길에
여기 낡은 知慧의 저자가 탄다.

허물어져 가는 城壁 위로
오늘도 헛되이 白日은 기울어

바람에 쏠리는 구름 속에는
무수한 별빛이 부서진다.

쫓겨난 生靈의 울부짖음마저
이제는 고요히 잠들었는데

여기 들리느니 푸른 기왓장과
붉은 벽돌 조각이 터지는 소리.

어두운 城門을 쪼개고
흩어진 사람들은 날이 새이면

또다시 이웃 마을의
낡은 材木을 싣고 오리라

몇번이나 지나간 劫火 속에도

오히려 타고 남은 병든 歷史가 있어

서러울수록 고요한 이 길을

아득히 아득히 먼곳에서
잔잔히 흘러오는 강물소리 ······

빛을 찾아 가는 길

사슴이랑 이리 함께 산길을 가며
바위 틈에 어리우는 물을 마시면

살아 있는 즐거움의 저 언덕에서
아련히 풀피리도 들려오누나.

해바라기 닮아가는 내 눈동자는
紫雲 피어나는 靑銅의 香爐

東海 동녘 바다에 해 떠오는 아침에
북바치는 설움을 하소하리라.

돌뿌리 가시밭에 다친 발길이
아물어 꽃잎에 스치는 날은

푸나무에 열리는 과일을 따며
춤과 노래도 가꾸어 보자

빛을 찾아 가는 길의 나의 노래는
슬픈 구름 걷어가는 바람이 되라.

마음의 太陽

꽃다이 타오르는 햇살을 향하여
고요히 돌아가는 해바라기처럼
높고 아름다운 하늘을 받들어
그 속에 맑은 넋을 살게 하라.

가시밭길을 넘어 그윽히 웃는 한 송이 꽃은
눈물의 이슬을 받아 핀다 하노니
깊고 거룩한 세상을 우러르기에
삼가 肉身의 괴로움도 달게 받으라.

괴로움에 짐짓 웃으량이면
슬픔도 오히려 아름다운 것이
苦難을 사랑하는 이게만이
마음 나라의 圓光은 떠오르노라.

푸른 하늘로 푸른 하늘로
항시 날아오르는 노고지리같이
맑고 아름다운 하늘을 받들어
그 속에 높은 넋을 살게 하라.

첫 祈禱

이 障壁을 무너뜨려 주십시오 하늘이여
그리운 이의 모습 그리운 사람의 손길을 막고 있는
이 咀呪받은 障壁을 무너뜨려 주십시오.

무참히 스러진 善意의 人間들
그들의 푸른 한숨 속에 이끼가 앉아 있는 障壁을
당신의 손으로 하루 아침에 허물어 주십시오.

다만 하나이고저 —— 둘이 될 수 없는 國土를
아픈 배 부벼 주시는 약손같이 그렇게 慈愛롭게
쓸어 주십시오.

이 가슴에서 저 가슴에로 종소리처럼 울려나가는
우리 願이 올해사 ——
모조리 터져 불붙고, 재가 되어도 이 障壁을 열어 주십시오.

빛을 주십시오. 황소처럼 터지는 울음을 주십시오. 하늘이여 ——

絶望의 日記

6월 25일

城北洞 산골짜기
방문을 열어 놓고
세상 모르고 떨어진 잠을
깨우는 이 있어 눈을 떠보니
木月이 문득 창 밖에 섰다.

"거리에는 號外가 돌고 야단이 났는데
낮잠이 다 무엇이냐"고.

傀儡軍 南侵 ──

悄然히 담배에 불을 단다.
언젠가 한번은 있고야 말 날이
기어이 오늘에 오고 말았구나.

가슴에서 싸늘한 것이 내려 앉는다
구름처럼 흘러가던 마음이 고개를 든다.
흡사 슬픔과도 같은 것이 스쳐간다
── 아무렇지가 않다.

6월 26일

午後 二時
高麗大學校 三層에서 '詩論'을 얘기한다.

議政府方面의 銃聲이 들려온다
校庭의 스피카에서 戰況報道가 떤다.

靑春에는 迂遠한 言語가 차라리 馬耳東風
허나 詩는 진실로 이런 때 서는 것을……

"不安과 存在의 意味를
너 오늘에야 알리라"

수런대는 가슴들이 눈을 감는다
오늘 흩어지면 우리는 다시
이승에선 못만난다는 슬픈 可能性

이 苛烈한 마당에 다시 고쳐 앉아
人情의 약함에 눈물 지움은
또 얼마나 값진 힘이랴.

도어를 밀고 나온다.
詩가 戰雲 속으로 숨는다.

               *

山머리를 濛濛한 砲煙이 덮는다.
黃昏에 木南이 찾아왔다.

서울 後退는 不可避라고 ──
우리는 어쩔 것이냐.

어쩔 것이 아니라 이미 어쩔 수 없는 길
마음이 왜 이리 갈앉는단 말가.

그 마음을 木南이 안다고 한다
찾아온 것이 실상 그 마음이라고.

삶과 죽음의 恐怖에
누가 흔들리지 않는다 하랴마는

"더럽게 살지 말자
더럽게 죽어서는 안 된다."

이 志操를 배우는 自繩自縛이여
내 오늘 그 힘을 입어 죽음 앞에 나설 수 있음이여

아 작은 時間의 餘裕 있음을
오직 感謝하라.

6월 27일

새벽에 온 家族이 訣別하다.
죽지 않으면 다시 만나게 되리라고……

때 아닌 새옷을 갈아 입고 좋아하던
어린 것의 얼굴이 자꾸만 눈에 밟힌다.

"죽음을 너무 가벼이 스스로 택하진 말라" 하시던
아 아버지 말씀.

이른 아침에 東里를 찾다
木南이 그리로 오마고 했다.

主人이 아침쌀을 구해 가지고 돌아왔다
그의 家族과 함께 흰죽을 나눈다.

非常國民宣傳隊 마이크 앞에
未堂이 섰다.

"市民 여러분 우리는
어떻게 살았으면 좋겠읍니까"

이 아무렇지도 않은 한마디에
눈물이 쏟아진다.

이고 지고 떠나가는 저 백성이
누가 이 말을 듣는다 하랴.

詩人의 말은 항상
저를 채찍질 할 뿐.

文藝 삘딩 地下室에 거적을 깔고
最後의 籠城을 하기로 했다.

이미 自身을 律하고 나면 개죽음도 또한 立命
그래도 혼자서 죽기가 싫다 너무 외롭다.

國防部 政訓局에서

議政府奪還의 祝盃를 든다.

새파란 戰鬪服을 갈아 입은
金賢洙 大領!

이 술을 다 마시고 취해서 죽는다 하니
떠나기를 재촉하는 벗의 손길이 눈물겨웁다.

"國民 앞에 謝過하고 世界에 呼訴한 다음
放送局을 破壞하는 것이 하나 남은 責務"라고

껴안고 얘기하는 colonel 김——
안다 안다 이 마당에 무슨 거짓이 있느냐.

眞實한 사람에게는 거짓말도 참말이다
그대 마음을 내가 안다.

文藝 삘딩 地下室에
오마고한 벗들이 하나도 없다. 밤은 열한 時——

술에 취한 未堂과 木月과 木南과 나와
부슬비 나리는 밤거리로 나선다.

元曉路 終點 아는 집에 누어
마즈막 放送을 들으며 눈을 감는다.

"祖國이여! 겨레여! 아아 山河여!"
목메여 굽이치는 詩朗讀 소리

사람은 가고 목소리만 남아서 돈다.
목소리만 있어도 安心이다 외롭지 않다.

무슨 天罰과도 같이 霹靂이 친다
우리의 갈길은 영영 끊어지고 만 것을……

漢江 언덕 여기가 서울 最後의 堡壘 그 地點에서
귓구녕을 틀어막고 잠이 든다.
소리없이 느껴우는 소리가 들린다.

6월 28일

어디로 가야하나 背水의 거리에서
문득 이마에 땀이 흐른다.

아침밥이 모래 같다

국물을 마셔도 冷水를 마셔도
밥알은 영 넘어가질 않는다.

마음이 이렇게도
肉體를 規定하는 힘이 있는가.

麻浦에서 人道橋 다시 西氷庫 광나루로
몰려나온 사람은 몇十萬이냐.

붉은 깃발과 붉은 노래와 탱크와
그대로 四面楚歌 이 속에 앉아

넋없이 피우는 담배도 떨어졌는데
나룻배는 다섯 척 바랄 수도 없다.

아 나의 家族과 벗들도 이 속에 있으련만
어디로 가야 하나 背水의 거리에서

마침내 숨어 앉은 絶壁에서
한척의 배를 향해 뛰어내린다.

헤엄도 칠 줄 모르는

이 絶對의 投身!

비오던 날은 개고 하늘이 너무 밝아 차라리 悽慘한데
漢江의 저 언덕에서 絶望이 떠오른다.

아 죽음의 한 瞬間 延期──

맹 세

萬年을 싸늘한 바위를 안고도
뜨거운 가슴을 어찌하리야

어둠에 蒼白한 꽃송이마다
깨물어 피터진 입을 맞추어

마지막 한방울 피마저 불어 넣고
해돋는 아침에 죽어가리야

사랑하는 것 사랑하는 모든 것 다 잃고라도
흰뼈가 되는 먼 훗날까지
그 뼈가 復活하여 다시 죽을 날까지

거룩한 日月의 눈부신 모습
임의 손길 앞에 나는 울어라.

마음 가난하거니 임을 위해서
내 무슨 자랑과 선물을 지니랴

義로운 사람들이 피흘린 곳에
솟아 오른 대나무로 만든 피리뿐

흐느끼는 이 피리의 아픈 가락이
九天에 사모침을 임은 듣는가.

미워하는 것 미워하는 모든 것 다 잊고라도
붉은 마음이 숯이 되는 날까지
그 숯이 되살아 다시 재 될 때까지

못 잊힐 모습을 어이 하리야
거룩한 이름 부르며 나는 울어라.

이기고 돌아오라
─── 一線士兵들에게

반찬이라곤 손구락만한 짠 무쪽이 두개
아니면 숟가락 총으로 두세번 찍어바른 고추장만으로
늬들은 그 험한 주먹밥을 단꿀같이 먹더구나
사랑하는 아우들아 그것이 대체 몇끼니 만에 먹는 밥이더란 말이냐.
억수로 퍼부어 나리는 빗발속에
사흘 밤 사흘 낮을 굶고서 싸우자니
겨냥한 총대가 절로 아래로 숙여지더라지
졸음이 오면 살을 꼬집고 배가 고프면 이를 물지만
몰려오는 탱크떼 앞에 딱총같은 M1총만으로는
불타는 가슴을 터뜨리기에는
솟아나는 눈물 때문에
두 눈이 모두 다 부어올랐다지.

내 사랑하는 아우들아
진실로 祖國을 구원하고 自由를 수호하는 힘과 영예는 늬들에게만 있다고 믿어라.
무엇 때문에 늬들은 굶으며 쓰러지면서도
앞으로 앞으로 나가며 싸와야 하는 것이냐.
나라에서 주는 돈으로는
떨어진 신발 대신 새 신발 한 켤레만 사면 그만이라고

늬들은 아무 도움도 바래지 않고
하늘이 늬들에게 준 모든 것을 스스로 바쳐
오직 祖國의 榮光만을 念願하더구나
늬가 지켜야 할 모든 것을 끝내 저버리지 않더구나.
우리는 안다 늬들의 勳功을 올바로 갚을 者는
祖國의 統一과 正義의 勝利만이 能히 할 수 있다는 것을
아 그 밖의 아무런 賞品으로도 갚을 수가 없다는 것을……

내 사랑하는 아우들아 이 나라 護國의 喊聲들아
우리는 이긴다 일찌기 不義와 邪惡이 亡하지 않는 歷史를
본 적이 있느냐
늬들 뒤에는 血肉을 같이 나눈 우리들이 있고
理想을 함께하는 萬邦의 깃발이 뭉치어 있다.
우리는 믿는다 초조히 기다리는 백성들 앞에
"기뻐하라 승리는 우리의 손에"라는
이 한마디를 선물로 지니고
달려올 늬들의 모습을 기다린다.
이기고 돌아오라 이기고 돌아오라
우리들 가슴을 벌리고 기다린다
하늘이 보내시는 너 救國의 天使들을.

─── 1950. 7. 10

戰線의 書

生命이란 진실로 내 지낸 날 생각하던 것처럼 그렇게 가벼운 것이 아니었노라.

총알이 옆구리를 꿰뚫어도 총알이 가슴에 박혀도 불타는 生命의 庫집 그 奧妙한 細胞 속 구석 구석이 자리한 靈魂을 샅샅이 命中하기 전에는 오직 敵陣으로 敵陣으로 달리는 부르짖음이 있을 뿐

아 죽음을 鴻毛에다 비긴 者에게만이 生命은 이렇게도 악착한 것이었노라.

砲彈의 颱風이 마을을 걷어가버린 뒤 사람 그림자 하나 없고 개 닭소리조차 그친 마을에
　五穀이 제대로 익어 제대로 썩을지라도 비바람을 무릅쓰고 산골짝에서 號哭하며 풀잎으로 목숨을 이으는 백성들

하늘이 啓示하신 그 義로운 눈물 때문에 짐승과 같이 彷徨하여 오히려 辱되지 않는 것

이 악착한 生命을 깨닫는 者만이
죽음이란 진실로 삶을 위하여 存在함을 알리라.

風流兵營
───── 從軍文人 合宿所에서

步哨도 서지 않은 우리들의 兵營은
낡은 판자울타리에 石榴나무가 한그루 서 있는 오막살이다.

生命이 絶迫할수록
우리는 더욱 멋스러워지는 兵丁

진땀이 흐르는 三伏 더위에
웃통을 벗어부치고 둘러 앉아 將棋를 두고
砲彈이 떨어지는 밤에도
사과로 담근 김치를 안주해서 막걸리를 마신다.

허나 命令만 내리면 언제나
武裝을 갖추고 待機한다 ── 펜과 종이
우리는 瞬息間에 책상 장기판 툇마루 들마루를 모조리 占領하고 만다
"作戰上 必要한 高地를 確保하라"

여기가 우리들의 싸움터 敵의 가슴을 命中하는 紙彈을 滿發하는 곳이다
서울에 남기고 온 家族과 벗들이 그리워 소리 없는 울음을 울며
"멀지 않아 우리들 서울에 갈 것입니다"라는

편지를 쓰는 곳도 여기다.

총칼 없는 兵丁인 우리들 가슴에는
하이얀 靑酸加里가 마련되었는데
올 적에 새파랗던 石榴 열매는
어느새 다 익어서 아귀가 벌었나.

從軍文人 合宿所 뒷뜰 푸른 하늘에
自爆한 心臟 石榴가 하나.

―― 1950. 8. 30. 大邱

靑馬寓居 有感

　　　　　庚寅動亂에 統營이 赤軍에 占領되자 靑馬는 釜山伏兵
　　　　　山下에 寓居해 있더니라. 三面이 包圍된 大邱에 같이
　　　　　있다가 發病한 未堂이 여기 와서 靜養하고 있었으니 때
　　　　　는 9. 28 直前이라 내 잠시 여기를 찾아와 셋이 함께 몇
　　　　　날을 보냈더니라.

찌그러진 藤椅子에 앉아
바다를 바라보노라면

가을은 어느듯 등 뒤에 와서
어깨 위에 두손을 얹는다.

바둑이가 밟고 오는 잎새 소리에
문득 그리운 사람의 이름을 부르는 것은

落葉이 뿌리로 돌아가듯이
내가 잠시 죽음 앞에 눈을 뜨고 있기 때문

감나무잎아
네 인정 있거던 더디 붉어라

蜻蛉莊 지붕 위엔
비행기만 어즈럽다.

　　　　　　　　　　　―― 1950. 9. 5. 釜山

多富院에서

한달 籠城 끝에 나와 보는 多富院은
얇은 가을 구름이 산마루에 뿌려져 있다

彼我 攻防의 砲火가
한달을 내리 울부짖던 곳

아아 多富院은 이렇게도
大邱에서 가까운 자리에 있었고나

조그만 마을 하나를
自由의 國土 안에 살리기 위해서는

한해살이 푸나무도 온전히
제 목숨을 다 마치지 못했거니

사람들아 묻지를 말아라
이 荒廢한 風景이
무엇 때문의 犧牲인가를……

고개 들어 하늘에 외치던 그 姿勢대로
머리만 남아 있는 軍馬의 屍體

스스로의 뉘우침에 흐느껴 우는 듯
길 옆에 쓰러진 傀儡軍 戰士

일찌기 한 하늘 아래 목숨 받아
움직이던 生靈들이 이제

싸늘한 가을 바람에 오히려
간 고등어 냄새로 썩고 있는 多富院

진실로 運命의 말미암음이 없고
그것을 또한 믿을 수가 없다면
이 가련한 주검에 무슨 安息이 있느냐

살아서 다시 보는 多富院은
죽은 者도 산 者도 다 함께
安住의 집이 없고 바람만 분다.

―― 1950. 9. 26

桃李院에서

그렇게 안타깝던 戰爭도
지나고 보면 一陣의 風雨보다 가볍다.

불타버린 초가집과
주저 앉은 오막살이 ──

이 崩壞와 灰燼의 마을을
내 오늘 悄然히 지나가노니

하늘이 恩惠하여 瓦全을 이룬 者는
오직 낡은 장독이 있을 뿐

아 나의 목숨도 이렇게 질그릇처럼
오늘에 남아 있음을 다시금 깨우쳐 준다.

흩어진 마을 사람들 하나 둘 돌아와
빈터에 서서 먼 산을 보는데

하늘이사 푸르기도 하다.
桃李院 가을 볕에

애처러운 코스모스가
피어서 칩다.

───── 1950. 9. 26

여기 傀儡軍戰士가 쓰러져 있다

義城에서 安東으로 竹嶺으로
바람처럼 몰아가는 追擊戰의 한때를

내 추럭에서 뛰어내려 목을 축이고
조찰히 피어난 들국화를 만지노라니

길가 푸섶에 白墨으로 써서 꽂은
나무 조박이 하나——

"여기 傀儡軍戰士가 쓰러져 있다"

그 옆에 아직
실낱 같은 목숨이 붙어 있는 少年의 屍體

검붉은 피에 절인 그의 四肢는 썩었고
반만 뜬 눈망울은 이미 풀어져 말을 잊었다

아프고 목마름에 너 여기를 기어와
물고에 머리를 박고 마냥 물을 마셨음이려니

같은 祖國의 山河
네 고장의 흙냄새가 바로 이러하리라.

아 이는 원수이거나
한 핏줄 겨레가 아니거나 다만 그대로
살아 있는 人間의 尊嚴한 愛情!

누가 다시 이 靈魂에
총칼을 더할 것이냐.

사랑하는 사람을 두고 가듯이
어쩔 수 없는 안타까움이
아직도 남아 있음이여!

저 맑고 푸른 가을 하늘 아래
苛烈한 싸움의 한 때를

서럽고 따뜻한 마음으로 새긴
나무 조박이 하나

"여기 傀儡軍 戰士가 쓰러져 있다"

―― 1950. 9. 26

竹嶺戰鬪

"兵火不入之地" 옛 老人의 信仰이 灰燼하였다. 豊基는 十勝의 땅, 잿더미 된 장터에 해가 지는데 ……. 竹嶺은 九曲羊腸 天險의 고개 위에 밤이 오는데 敗走하는 敵軍을 몰아 우리가 간다.

사람의 피로써 하마 짙은 단풍잎, 검은 돌바위에 이끼도 핏빛으로 물이 들었다. 불비에 녹아내린 탱크. 강아지만치 타 오그라진 屍體. 아 터져나온 腦漿에는 벌써 왕개미 떼가 엉켜 붙었다.

이 마당에 주검을 두려워함은 奢侈가 아니라 차라리 蠻勇, 어두운 밤하늘에 砲門은 쉬지 않고 불을 뿜는데 ……. 九曲羊腸 竹嶺은 天險의 고개, 불을 죽인 트럭으로 조용히 기어간다.

燦爛한 별빛으로 마음이사 밝아도 소름끼치는 벼랑길 아! 丹陽은 아직 멀다.

―― 1950. 9. 27

서울에 돌아와서

忘憂里를 돌아들면
아 그리운 서울!

예서 죽기로 했던 이 몸이 다시 살아
돌아 오는 서울은 九十日 戰場

죽지 않고 살았구나 모르던 사람들도
살아줘서 새삼 고마운데

손을 흔들며 목이 메여 불러주는
萬歲 소리에 고개를 숙인다 눈시울이 더워진다.

나의 祖國은 나의 良心.
내사 忠誠도 功勳도 하나 없이 돌아 왔다.

버리고 떠나갔던 城北洞 옛집에
避亂갔던 家族이 돌아와 풀을 뽑는다.

밤길을 걸어서 아이를 데리고
울며 갔다는 먼 山中 절간

아내는 아는 집에 맡겨 논 보퉁이를

찾으려 가고 없고

도토리 따먹느라 옻이 올라 진물이 나는
세살백이 어린 것은 안고 뺨을 부빈다.

"가재 잡아 구워먹는 맛이 참 좋더라"는 말
아 여섯 살짜리 큰 놈이 들어온다.

애비를 잘못 둔 탓
찢어져 죽었다면 어쩔 것이냐.

밤마다 죄지은 듯 아프던 가슴
근심은 실상 그것 밖에 없었더니라.

아 나의 어버이도
이렇게 나를 사랑했으리라.

아버지가 안계시다
죽을까 염려하시던 자식은 살아 왔는데

원수가 돌려준 아버지 세간
眼鏡과 面刀만이 돌아와 있다.

어머니는 아직
짓밟힌 고향에서 소식이 없다.

서른을 넘어서 비로소 깨달은
내 肉親에의 사랑이 아랑곳 없음이여.

아내를 만나지 않고 집을 나선다
白衣從軍 내몸이 인정 탓으로
信義을 저바림 어찌하느냐.

서울신문社 編輯室에서
昔泉先生이 손을 잡고 운다
"永郞이 죽었다"고,
아 그 우는 얼굴.

옛날의 明洞 거리를 찾아간다
숨었다가 겨우 산 옛벗을 만난다
껴안을 수가 없다
말조차 없던 그 對面

저무는 거리에서 트럭을 타고
牛耳洞 CP를 찾아간다.

家族의 生死를 아직 모르는 木月을 보내고
내가 혼자 이밤을 거기서 자리라.

師團長 R 准將이 웃으며 맞아준다.
"오늘 저녁에 안오실줄 알았는데
죽다가 산 사람들끼리 하소연 많을텐데……"

武器도 하나 없이 暗號를 외우며
어두운 밤길을 혼자서 걸어온다.

敦岩里 길가에서 줏어 업은 戰爭孤兒는
이름을 물어도 나이를 물어도 대답이 없다.

―― 1950. 10. 3

奉日川 酒幕에서

平壤을 찾아간다. 임을 찾아서. 임이사 못 뵈와도 소식이나 들을까 하고 …….

비행기는커녕 軍用트럭 하나도 봐주는 이 없는데 旅費를 준다는 '北韓派遣文化班' 그 名單에도 내 이름은 없다.

맨주먹으로 나서도 平壤은 내가 먼저 가고 말리라. 따라나선 同行은 雲三이와 在春이 綠磻이 고개 넘어 몇리를 왔노 여기는 坡州땅 奉日川里. 주막집 툇마루에 앉아 술을 마신다.

軍歌도 소리 높이 몰려가는 트럭 위엔 가득 탄 젊은이와 아낙네들의 사투리가 웃고 있다 고향 가는 기쁨에 ……. 나를 위해 세워주는 트럭은 하나도 없고

걸어서 坡州땅에 오늘밤을 자야하나 平壤을 가야 한다 奉日川 酒幕에 해가 지는데 …….

―― 1950. 10

너는 지금 三八線을 넘고 있다

軍用트럭 한구석에 누워
많은 별빛을 쳐다보다 잠이 든다.

오늘밤을 海州에서 쉬면
내일 어스름엔 平壤엘 닿는다.

갑자기 산을 찢는
모진 총소리

산모루 돌아가는 이 地點에서
부슬비가 내린다.

殘匪를 警戒하는 威嚇射擊
이 車에는 실상 M1 한 자루가 있을 뿐.

젊은 中尉는
고향집에 가는 것이 즐겁단다.

문득 헤드라이트에 비취는 큰 글씨 있어
'너는 지금 三八線을 넘고 있다'고.

사랑하는 사람들이 마주 서서 우는

三八線 위에 비가 내리는데

옮겨간 마음의 障壁을 향하여
옛날의 三八線을 내가 이제 넘는다.

―― 1950. 10

延白村家

　수숫대 늘어선 밭뚝길로 몰아 넣은 트럭은 배추밭 머리를 돌아 울타리 뒷길을 돌아 어느 草家집 마당에 멈춘다.

　젊은 中尉가 뛰어내려 어머니를 부르니 뜻아닌 목소리에 家族이 몰려나와 서로 껴안고 울음 반 웃음 반 어쩔줄을 모른다.

　알고보니 이 中尉는 四年前에 달아난 이 고장 젊은이 때 묻은 戎衣를 입고와도 錦衣還鄕이 이 아니냐.

　한잠 든 닭을 잡아 모가지를 비틀고 둘러앉아 한그릇씩 국수잔치가 푸지다. 내 뜻 아니한 이 村家에 와 그 즐거움을 함께 하노니 반가운 손이 되어 아랫목에 앉아 웃는 因緣이여

　흐린 하늘에서 달빛이 다시 나온다 平壤 가는 트럭에 뛰어오르니 밤은 三更! 사랑하는 자식을 하룻밤이나마 못재워 보내서 안타까운 그 어머니를 생각한다.

　아 우리 나라 어머니는 모두 이렇게 속눈썹에 이슬이 마를 사이 없이 여위어간다. 남의 故鄕에를 먼저 왔길래 어머니가 벌써 나를 찾아와 계시다 어데나 계시는 어머니 모습!

―― 1950. 10

浿江無情

平壤을 찾아와도 平壤城엔 사람이 없다.

大同江 언덕길에는 왕닷새 베치마 적삼에 蘇式長銃을 메고 잡혀오는 女子 빨치산이 하나.

스탈린 거리 잊지는 街路樹 밑에 앉아 외로운 나그네처럼 갈 곳이 없다.

十年前 옛날 平元線 鐵路 닦을 무렵 내 元山에서 길 떠나 陽德 順川을 거쳐 걸어서 平壤에 왔더니라.

주머니에 남은 돈은 단돈 十二錢, 冷麵 쟁반 한그릇 못먹고 쓸쓸히 웃으며 떠났더니라.

돈 없이는 다시 안오리라던 그 平壤을 오늘에 또 내가 왔다 平壤을 내 왜 왔노.

大同門 다락에 올라 흐르는 물을 본다 '浿江無情' 十年 뒤 오늘! 아 가는 者 이 같고나 서울 最後의 날이 이 같았음이여!

──── 1950. 10

壁 詩

좀더 뜨거운 가슴을 다오 하늘이여
좀더 억센 손길을 쥐어다오 세월이여
그대의 이름으로 소생한 땅위에
그대의 뜻이기에 惡魔가 오는데

아아 三寒四溫도 잊어버린채
한 곬으로 얼어 붙은 외줄기 季節風 속에
묻어오는 날나리 녹슨 靑龍刀가 뭐란 말이냐.

좀더 너그러이 살아보자 겨레여
좀더 웃으며 껴안아보자 벗들이여

내일 모레면 冬至가 온다
어둡고 긴밤이 짧아지는데 움트는 봄철을 왜 울 것이냐
아아 철수가 바뀌는 것을 막을 자 없다
共産主義 殞命 뒤에 굽이치는 民主主義 血脈을 보라

—— 1950. 12. 28

鐘路에서
───── 다시 서울을 떠나며

첩첩이 문을 닫아 걸고
사람들은 모두다 떠나 버렸다

이룩하기도 전에 흔들리는 社稷을 근심하고
祖國의 이 艱難한 運命을 슬퍼하여

사람들은 저마다 信念의 보따리를 짊어진채
아득한 天涯의 어느 一角으로 飄飄히 사라졌는데

차운 西天에 노을이 물드는 鐘路 네거리
鐘樓는 불이 타고 鐘은 남아 있는데

몸을 던져서 鐘을 울려보나
울지 않는 鐘 나의 心臟만이 터질듯 아프다

十里 둘레의 은은한 砲聲때문에
안타깝게 고요한 이 거리에는

황소처럼 목놓아 우는 사나이도 없고
零下 十七度의 추위에 입술이 타오른다

不義의 그늘에선 숨도 쉬기 싫어서
차라리 一切를 抛棄하고 발가숭이가 되고저

사람들은 모두다 떠나 버렸다
첩첩이 문을 닫아건 鐘路의 寂寥

아아 이제 나마저 떠나고 나면
여기 오랑캐의 노래가 들려오리라

허나 꽃피는 봄이 오면
서울은 다시 우리의 서울

내 여기 검은 흙 속에
가난한 노래를 묻고 간다.

―― 1950. 1. 3

언덕 길에서

龍의 비늘을 지녔으나 소나무는 이 얇은 흙 우에 뿌리를 서려 둔 채 드디어 오늘에 늙고 말았다.

松蟲이 기는 그 수척한 가지에는 한점 그늘을 던질 잎새조차 없고 이따금 흰구름이 여기 걸리어 太陽을 가리울뿐

太初以來로 地心에 용솟음치던 불길에 밀리어 튕겨져 나온 바위가 하나 그 옆에 낡은 세월을 지키고 있노니

이는 사나운 意慾의 化石 原罪의 刑罰을 참고 견디어 애초의 그 자리 그대로 앉아 風雨霜雪에 낡아간다.

내 오늘 어지러운 세월 흔들거리는 人生을 가누려고 저 浩浩한 하늘 아래 이몸을 바래우고 돌아가는 길 人事의 어지러움에 차라리 病든 老松을 슬퍼하여 沈默에 입다문 바위를 내 가슴치듯 두다려 본다.

바위는 끝내 울지 않는다. 어인 나비 한마리 이 열리지 않는 돌문에 엎디어 이끼처럼 피고 있는 것 —— 아 이 간절한 기도를 위해서 肉身이 짐짓 隱花의 植物을 닮을 것을 생각한다.

이는 蝴蝶이 아니라 한마리 蛾로다. 내 그의 고달픈 꿈을 깨우

지 않고 書室로 돌아가노니

 어찌 견디랴 오늘밤 내 벼갯머리에 하루의 목숨이 다한 蜉蝣의 무리가 숨 가쁘게 맴돌다 죽어가는 모습을———.

핏빛 年輪

한치의 國土를 지키기 위하여
한사람의 목숨이 사라진다

한마디의 言約을 지키기 위해서
수 많은 나라의 꽃다운 핏줄이 스며 나린다

그 피가 스며든 메마른 黃土
나의 祖國이여

그 흙에 뿌리 박았으매 그 피를 마시리니
草木인들 어찌 이 患難의 歷史를
두고두고 얘기하지 않으리오

年輪은 오직 핏빛으로만 감기리라
이는 뜻 없는 세월의 크나큰 맹세로다

아 내 어머니 나라를
버리고 살 수가 없으량이면

어찌 이몸을 自棄하여
白日 아래 헛되이 스러지게 하리오

세상에 산 보람 더없이 크기에
너그럽고 따뜻한 襟度를 지니리라

天地呼應
―― 三一節의 詩

하고 싶은 말을 못하면
가슴에 멍이 든다.

쌓이고 쌓인 憤이
입을 두고 어디로 가랴

산에 올라 땅을 파서
하고 싶은 말을 흙에다 묻고

들에 나가 하늘을 우러러
하고 싶은 말을 바람에 부치다.

그 怨恨 그 痛憤에
가슴 치던 아하 十年을

온겨레 한마음으로 터진 목청
"대한 독립 만세"
하고 싶은 말 하늘이 들었으매
江山에 비바람 울고

하고 싶은 말 땅이 아는지라

草木도 함께 일어섰더니라

그립고 아쉬운 소망
입 아니면 또 어쩌랴

하고 싶은 말 아직도 많아
이날이라 더욱 가슴아프다.

이날에 나를 울리는

아무일 없어도 十年이면
江山조차 변한다는데

萬古風雨에 시달린 가슴이라
十年이 오히려 百年같다.

江山은 변해도 옛모습 그대로
헐벗은채 秀麗한 저 山容이여!

변한 것은 오직 사람뿐이다
十年前 오늘의 그 마음 어데로

옷깃을 바로잡고 눈감아 보노니
몹쓸 인정에 병든 祖國아

터지는 歡喜는 아쉬운 追憶
갈사록 새로운 이 悲願을 어쩌랴.

못믿을 사람과 못믿을 하늘
더 없는 사랑은 울다가 홀로 간다.

아 八月十五日 이날에 나를 울리는
母國이여 山河여 못잊을 인정이여.

빛을 부르는 새여
──丁酉頌

빛을 부르는 새여
새벽을 맡아 다스리는 새여
사람 사는 마을을 못 잊어
마침내 저 머언 푸른하늘을 버리고
땅위에 사는 새여

아득한 原始의 옛날
日蝕의 變怪에 떠는 백성을 위해
祭壇 앞에서 맑은 목청으로
울음 울던 새여

──캄캄한 曠野의 그 사나운 짐승서리에서 듣는 네 울음은 神明의 손길같이 백성 가슴을 새로운 보람에 뛰게 하였더니라.

百鬼夜行의 소름 끼치는 恐怖를 몰아내는
神秘한 呪力을 가진 네 울음이여
다가오는 公道를
生命으로 豫見하는 詩人의 노래여
모가지를 비틀리어 붉은 피를 뚜욱 뚝 흘리면서 죽어갈지라도
背信할 수 없는 이 志操의 絶叫여
깊은 밤에 혼자 깨여 하늘을 향해 외치는 불타는 목청이여

―― 닭이 운다 새로운 하늘이 열린다고 새해 첫닭이 운다. 어둠 속에서 빛을 거느리고, 빛이여 오라 鷄林八道에 첫닭이 운다.

새 아침에

모든 것이 뒤바뀌어 秩序를 잃을지라도
星辰의 運行만은 변하지 않는 法度를 지니나니
또 삼백 예순날이 다 가고 사람 사는 땅 위에
새해 새 아침이 열려오누나.

처음도 없고 끝도 없는
이 永劫의 둘레를
뉘라서 짐짓 한토막 짤라
새해 첫날이라 이름지었던가.

뜻 두고 이루지 못하는 恨은
太初以來로 있었나부다
다시 한번 意慾을 불태워
스스로를 채찍질 하라고
그 不退轉의 決意를 위하여
새 아침은 오는가.

낡은 것과 새것을 義와 不義를
삶과 죽음을 ──
그것만을 생각하다가 또 삼백예순날은 가리라
굽이치는 山脈 우에 보라빛 하늘이 열리듯이
출렁이는 波濤 우에

이글이글 太陽이 솟듯이
그렇게 열리라 또 그렇게 솟으라
꿈이여!

우리 무엇을 믿고 살아야 하는가
────그것을 말해 다오 1959년이여

우리 무엇을 믿고 살아왔는가 동포여 !
정말 우리 무엇을 바라고 살아왔는가 서러운 형제들이여 !

서른 여섯해 동안의 그 숨막히는 屈辱을 피눈물로 씻어서 되찾은 이 땅위에
  葛藤과 相殘과 流離와 艱難이 연거푸 덮쳐 와도
  입술을 깨물고 허리띠를 졸라매며 우리 말없이 살아온 것은 참으로 무엇을 기다림이었던가
  그것을 말해 다오 그것만을 말해다오 하늘이여 !

우리의 단 하나의 보람 단 하나의 자랑 단 하나의 숨줄마저 無慘히도 끊어진 오늘
  겨레여 우리는 무엇을 믿고 살아야 하는가, 정말로 우리들은 무엇을 기다리고 살아야 하는가 원통한 원통한 백성들이여 !

自由世界의 堡壘에 自由가 무너질 때 鐵의 帳幕을 무찌를 값진 武器가 같은 戰線의 背信者의 손길에 꺾이었을 때,
  아 自由를 위해서 피흘린 온 世界의 知性들이여 !
  우리는 무엇에 기대어 싸워야 하는가. 무엇을 가지고 살아야 하는가
  그것만을 말해다오 그것을 가르쳐다오 自由의 人民들이여 !

共産主義와 싸우기 위하여 共産主義를 닮아가는 無知가 不法을 恣行하는 곳에
　民主主義를 세운다면서 民主主義의 목을 조르는 暴力이 正義를 逆說하는 곳에
　버림받은 知性이여 짓밟힌 人權이여 너는 정말 무엇을 信念하고 살아가려느냐.
　무엇으로써 너의 그 아무것과도 바꿀 수 없는 矜持를 지키려느냐
　그것을 말해다오 그것만을 말해다오 하늘이여!

　백성을 背信한 獨裁의 走狗 앞에 연약한 民主主義의 忠犬은 咬殺되었다.
　온나라의 마을마다 들창마다 새어나오는 소리 없는 울음소리.
　사랑하는 동포여 서러운 형제들이여 목을 놓아 울어라. 땅을 치며 울어라. 네가슴에 웅어리진 원통한 넋두리도 이제는 다시 풀 길이 없다.

　찢어진 신문과 부서진 스피커 뒤로 亂舞하는 총칼, 이 百鬼夜行의 어둠을 어쩌려느냐.
　정말로 정말로 殘忍한 세월이여!

　새아침 옷깃을 가다듬고 죽음을 생각는다.
　肉親의 죽음보다 더 슬픈 이 民主主義의 弔鐘이여!

眞珠를 冒瀆하는 돼지, 그 돼지보다도 더 더럽게 口腹에만 매여서 살아야 할
이 삼백 예순날을 울어라 삼만 육천날을 울기만 할 것인가.
원통한 백성들이여!

우리 무엇을 바라고 살아야 하는가 짓밟힌 自由여!
정말 우리 무엇을 믿고 살아야 하는가 不幸한 不幸한 信念이여!

어둠 속에서

어두운 세상에
부질없는 이름이
반딧불같이 반짝이는 게 싫다.

불을 켜야한다.
내가 숨어서 살기 위해서라도
불은 켜져야 한다.

찬란한 빛 속에
자취도 없이 사라질 수는 없느냐.
아니면 빛이 묻은 칼로라도 나를 짓이겨 다오.

불을 켜도 도무지 밝지를 않다.
안개가 자욱한 탓인지 …….
화투불을 놓아도 횃불을 들어도
먼 곳에서는 한점 호롱불이다.

저마다 가슴이 터져 목숨을 태우고 있건만
종소리처럼 울려갈 수 없는 빛이 서럽구나.

닭이 울면 새벽이 온다는데
무슨 놈의 닭은

초저녁부터 울어도 밤은 길기만 하고 ──

天地가 무너질듯 소름끼치는
百鬼夜行의 어둠의 거리를
개도 짖지 않는다.

明白한 일이 하나도 없으면
땅이 도는 게 아니라 하늘이 도는 게지.
죽어버리고 싶은 마음을 달래어
죽기 싫은 마음이 미칠 것 같다.

어둠을 따라 행길로 나선다.
어둠을 가리키는 손가락이
찢어진 풀버레같이 떨고 있다.

가냘픈 손가락을 拳銃처럼 心臟에 겨누고
가난한 피를 조금씩 흘리면서 나는 가야 한다.
내가 나의 빛이 되어서 …….

箴 言

너희 그 착하디 착한 마음을 짓밟는
不義한 權力에 抵抗하라.

사슴을 가리켜 말이라 하는 세상에
그것을 그런양 하려는
너희 그 더러운 마음을 告發하라.

보리를 콩이라고 짐짓 눈 감으려는
너희 그 거짓 超然한 마음을 침 뱉으라.
모난 돌이 정을 맞는다고?
둥근 돌은 굴러서 떨어지느니 ──

병든 세월에 包容되지 말고
너희 良心을 끝까지
小人의 칼날 앞에 겨누라.

먼저 너 自身의 더러운 마음에 抵抗하라
사특한 마음을 告發하라.

그리고 慟哭하라.

死六臣 追慕歌
——— 碑 除幕式에

義를 위해서는
목숨도 鴻毛 같다
숨어 살 마련이사
고사리도 많을 것을.

임 위한 一片丹心
당근쇠로 꿰뚫어라
뻗쳐오른 핏줄기에
江山이 물들었네.

　　죽어서 사는 뜻을 임들로써 배우리라
　　熱血이라 秋霜 같은 死六臣 그 이름하!

차운 돌 한 쪼각이
임 뜻에 욕되어도
못 잊어 그리운 맘
표적삼아 세웁네다.

약하고 더러운 꾀
땀 흘리고 돌아서라
비바람에 낡아가도

萬古에 빛이 되네.

　　죽어서 사는 뜻을 임들로써 배우리라
　　熱血이라 秋霜 같은 死六臣 그 이름하!

先烈 追慕歌

이겨레 모두다 잠자는 밤에
홀로 일어나 횃불을 들고
가시밭 헤치며 뿌리신 핏방울
그 뜨거운 가슴에 새 싹이 트네

      永遠한 사랑은 눈물로부터
      그립다 그 모습 그 음성이여!

온 백성 깨어나 외치는 날에
모두다 오시려나 祖國 품으로
자랑 않는 功勞와 말 없는 기쁨
이 빛나는 하늘에 새 꽃이 피네

      거룩한 정신은 사랑으로부터
      그립다 그마음 그 손길이여!

石吾・東岩先生 追悼歌

기다리는 임이 있어
참고 사온 욕된 세월
변치 않는 그 절개가
돌인듯 굳어져도
뜨거운 눈물만이
뼛속으로 스몄네

아! 비바람에 깎이우며
푸른 이끼 앉아도
한 쪼각 붉은 마음
식을 줄이 없어라

그리우는 세상 있어
바라보신 동녘하늘
무궁화 피는 나라
꿈엘망정 못 잊어도
異域 찬 자리에
슬피 눈을 감았네

아! 해바라기 꽃모양
돌며 찾던 祖國에
자랑 않는 그 정성이
돌아와서 묻혀라

仁村先生 弔歌

임의 뜻 한평생은
겨레 위한 一片丹誠
외사랑 긴긴 밤을
잠 못이뤄 하시더니
감으려 못감은 눈
오늘 어이 감으신가
가신 뒤사 깨닫는 恨
이 설움을 살피소서.

   어진마음 따슨 손길 길이 두고 못잊어라
   온겨레 마음의 별 仁村先生 그 이름이여

임의 뜻 남은 자취
일마다 泰山 磐石
숨은 功 긴긴 세월
온 心血을 말리더니
감추려 못 감출 德
갈수록 새로워라
나라위한 참된 정성
임을 뫼셔 배우리다

   어진 마음 따슨 손길 길이 두고 못잊어라
   온 겨레 마음의 별 仁村先生 그 이름이여!

海公先生 弔歌

큰 별이 떨어졌다
江山아 慟哭해라
回天은 못이뤄도
民心은 다 돌린 것을
漢江가 獅子외침
八道를 흔들었네
가슴속 품은 뜻을
못다 펴시고 임이 가다니

    一代 經綸이야 길이 두고 울리리라
    온 겨레 마음의 先驅 海公先生 그 이름아!

風雲은 끝이 났다
임이여 잠드소서
白髮이 날리도록
丹心은 다 바친 것을
秦淮에 뿌린 눈물
巴蜀길에 적시었네
온 겨레 歡呼소리
터지는 때에 임이 가다니

    一代 經綸이야 길이 두고 울리리라
    온 겨레 마음의 先驅 海公先生 그 이름아!

餘韻

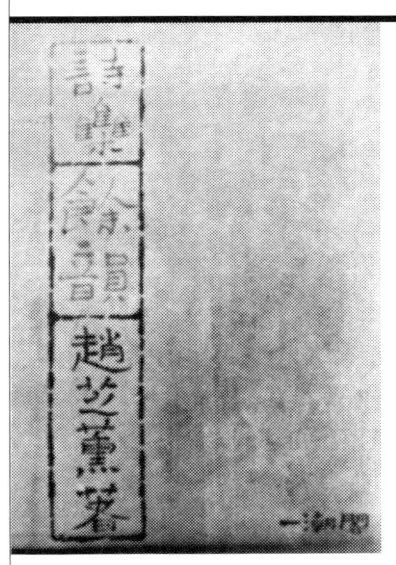

1957년에서 1964년 사이에
씌어진 것들로, 기간 시집에
들어 있지 않은 작품들로만
엮어진 제5시집이자 마지막
시집인 《餘韻》(1964, 一潮閣 版).

雪 朝

千山에
눈이 내린 줄을
창 열지 않곤
모를 건가.

水仙花
고운 뿌리가
제 먼저
아는 것을——

밤 깊어 등불 가에
자욱히 날아오던
想念의
나비 떼들

꿈 속에 그 눈을 맞으며
아득한 벌판을
내 홀로
걸어갔거니

무슨 光明과
音樂과도 같은 感觸에

눈뜨는
이 아침

모든 것을
肯定하고픈 마음에
살래 살래
고개를 저으며
내려서 쌓인
눈발

千山에
눈이 온 줄을
창 열지 않고도
나는 안다.

餘 韻

물에서 갓나온 女人이
옷 입기 전 한때를 잠깐
돌아선 모습

달빛에 젖은 塔이여 !

온 몸에 흐르는 윤기는
상긋한 풀내음새라

검푸른 숲 그림자가 흔들릴 때마다
머리채는 부드러운 어깨 위에 출렁인다.

희디흰 얼굴이 그리워서
조용히 옆으로 다가서면
수지움에 놀란 그는
흠칫 돌아서서 먼뎃산을 본다.

재빨리 구름을 빠져나온
달이 그 얼굴을 엿보았을까
어디서 보아도 돌아선 모습일 뿐

永遠히 얼굴은 보이지 않는

塔이여!

바로 그때였다 그는
藍甲紗 한 필을 虛空에 펼쳐
그냥 온 몸에 휘감은 채로
숲속을 향하여
조용히 걸어가고 있었다.

한 층
두 층
발돋움하며 나는

걸어가는 女人의 그 검푸른
머리칼 너머로
기우는 보름달을
보고 있었다.

아련한 몸매에는 바람 소리가
잔잔한 물살처럼
감기고 있었다.

梵 鍾

무르익은 果實이
가지에서 절로 떨어지듯이 종소리는
虛空에서 떨어진다. 떨어진 그 자리에서
종소리는 터져서 빛이 되고 향기가 되고
다시 엉기고 맴돌아
귓가에 가슴 속에 메아리치며 종소리는
웅 웅 웅 웅 웅……
三十三天을 날아오른다 아득한 것.
종소리 우에 꽃방석을
깔고 앉아 웃음짓는 사람아
죽은 者가 깨어서 말하는 時間
산 者는 죽음의 神秘에 젖은
이 텡하니 비인 새벽의
空間을
조용히 흔드는
종소리
너 향기로운
果實이여!

꿈 이야기

門을 열고
들어가서 보면
그것은 門이 아니었다.

마을이 온통
해바라기 꽃밭이었다
그 헌출한 줄기마다
맷방석만한 꽃숭어리가 돌고

해바라기 숲속에선 갑자기
수천 마리의 낮닭이
깃을 치며 울었다.

파아란 바다가 보이는
산 모롱잇길로
꽃 喪輿가 하나
조용히 흔들리며 가고 있었다.

바다 위엔 작은 배가 한 척 떠 있었다.
五色 비단으로 돛폭을 달고
뱃머리에는 큰 북이 달려 있었다.

수염 흰 老人이 한 분
그 뱃전에 기대어
피리를 불었다.

꽃喪輿는 작은 배에 실렸다.
그 배가 떠나자
바다 위에는 갑자기 어둠이 오고
별빛만이 우수수 쏟아져 내렸다.

門을 닫고 나와서 보면
그것은 門이 아니었다.

빛

세상에 태날 적부터
눈이 먼 배냇장님이었어요
바깥 세상을 못 보아도 나의 안에는
화안한 세상이 따로 있었지요.

눈을 감아야 보이는 세상
그것은 바로 꿈의 나라
영혼의 속삭임은 귀로 듣고
소리 안에서 빛과 모습을 보았지요.

그러던 내가 어느 날 거리에 나갔다가
두 눈이 갑자기 떠졌습니다.
천지가 까마득히 소리도 없고
적막한 죽음의 문만이 열려 있었어요.

네거리 한복판에
넋을 잃고 서 있었습니다.
눈을 뜨고 잃어버린 東西南北을
혼자서 울고 있었습니다.

바로 그때였습니다. 조용히
어깨를 흔드는 사람이 있었어요.

"이 딱한 사람아 눈을
도루 감게나 그려 ……"

도루 눈을 감았을 때
아 거기 옛날의 太陽이 떠 있었습니다.
다시 빛을 준 사람——
누군지를 모릅니다.
목소리만이 화안하게 웃고 있었습니다.

폼페이 有感

1

폼페이 그날의
메인스트리트 위로
검은 옷 입은
女人이 걸어온다.

鋪石에 부딪는
가을의 발자취 소리
바람에 묻어 오는
싸느란 죽음의 感觸

하늘을 가리우는
지붕을 걷어버린 이 거리에는
부끄러움 없이 하늘을 쳐다볼
사람이 없다.

손을 흔들며
떠나갔다가는
이내 되돌아 오는
秒針의 가냘픈 戰慄

憂愁의 기인
그림자를 거느리고
검은 옷 입은 女人에게
조용한 目禮를 보내며

폼페이 그날의
메인스트리트를
내가 걸어간다.

    2

形言할 수 없는 苦惱는
永遠히 남는 것

그날 阿鼻叫喚의 울부짖음이
化石된 옆에

마침내 人間을 救援할 수 없는
빵 한조각의 意味

"淑女는 들어갈 수 없습니다"
密室에 열쇠를 꽂으면

天地가 뒤집힌 壁畵를
오늘도 지키는 無垢한 童子像
그 成熟한 고추가 뿜는 물은
飮料水가 아니었어라.

돈주머니보다 무거운
淫樂의 저울대 위에

무너져내린 폼페이를
오늘은 이름모를

꽃 한송이가
피어 있다.

3

폼페이 遺蹟을 본 感懷가 어떠냐고
나의 어깨를 치며 白髮의 紳士가 묻는다.

오늘의 우리 文明도 이같은
運命 앞에 서게 된 것을……

火山이냐구요?

그렇습니다 永遠한 活火山이지요.

오늘 폼페이 廢墟에
다시 날아오는 죽음의 재는 무엇입니까

노을을 등에 진 老紳士의
흰 머리칼 위에 薄暮가 내려 앉는다.

歸　路

못물은 짙푸르고나
그 잔잔한 水面 위로
오늘은 한줄기
소낙비가 건너가고.

바람에 불려온 풀버레의
가냘픈 痙攣으로 하여
보이지 않는 波紋은
기슭으로 밀려간다.

深淵의 風俗은 絶望이라
그 倫理에 젖어
해묵은 落葉들은
조용히 沈澱하였다.

이 검푸른 水深을
어느 太初에
幻想의 爬蟲類가
기어나왔거니

沈痛한 못물 그 밑바닥에
原始의 淸洌한 샘물을 감추고

正午 겨운 太陽 아래
文明은 腐敗하고 있다.

잔잔한 가슴을
마구 두드려 놓고
革命은 소낙비처럼
산을 넘어가고

孤獨한 者의 영혼 위에
오늘은 드높은 하늘
풀버레는 옴찍하지 않는다
한오리 구름이 하늘을 떠돌듯이.

혼자서 가는 길

이제는
더 말하지 않으련다.

하고 싶은 말을
다 쏟아 놓고
허전한 마음으로
돌아가는 길 위에는

저녁 노을만이
무척 곱구나.

소슬한 바람은
흡사 슬픔과도 같았으나
시장끼의 탓이리라
술집의 문을 열고

이제는 더
말하지 않으련다.

내 말에 귀를 기울이고
옳다고 하던 사람들도
다 떠나 버렸다.

마지막 남는 것은 언제나
나 혼자뿐이라서 혼자 가는 길

背信과 嫉視와 包圍網을
그림자같이 거느리고
나는 끝내 원수도 하나 없이
이리 孤獨하고나.

이제는 더 말하지
않으련다.

잃어버린 것은 하나 없어도
너무 많이 지쳐 있어라
목이 찢어지도록
외치고픈 마음을 달래어

휘정 휘정
혼자서 돌아가는 길 위에는

오래 잊었던 李太白의
달이 떠 있다.

가을의 感觸

바람은 벌써
셀룰로이드 구기는 소리가 난다.

두드리면 木琴처럼
맑게 울릴 듯 새파란 하늘

내라도 붓을 들어
붉은 점 하나 찍고 싶은데

온 여름내 太陽을 빨아들여
안으로 成熟한 과일들이야

꽃자주빛 朱黃色으로
영글 수밖에 ──

무르익어 아귀가 벌어
떨어지는 씨알을 땅에 묻고 싶은

誠實한 意志가 結實한
저 푸른 虛空에
영롱한 點 하나 둘

바쁜 季節을 보내고
이제는 돌아와
창 앞에 앉고 싶어라

앉아서 조용히
옛날을 回想하고픈

가을은 落葉이
뿌리를 덮는 季節

하늘은 자꾸만 높아가는데
마음은 이렇게 가라앉아

새하얀 바람 속에
玉洋木 옷 향기가 정다웁다.

秋日斷章

1

갑자기
산봉우리가 치솟기에

창을 열고
고개를 든다.

깎아지른 돌벼랑이사
사철 한 모양

구름도 한오리 없는
落木寒天을

무어라 한나절
넋을 잃노.

2

마당 가장귀에
얇은 햇살이 내려앉을 때
장독대 위에
마른 바람이 맴돌 때

부엌 바닥에
北魚 한 마리

마루 끝에
마시다 둔 술 한 잔
뜰에 내려 營營히
일하는 개미를 보다가

돌아와 몬지 앉은
古書를 읽다가……

      3

장미의 가지를
자르고

芭蕉를 캐어 놓고

젊은날의 안타까운
사랑과

소낙비처럼
스쳐간

激情의 세월을
잊어버리자.

가지 끝에 매어달린
붉은 감 하나

成熟의 보람에는
눈발이 묻어 온다.

팔짱 끼고
귀기울이는
개울
물소리.

뜨락에서 은방울 흔들리는

뜨락에서
은방울 흔들리는 소리가 난다.

아기가 벌써 깼나 보군

창을 열치니 얄푸른 잎새마다
이슬이 하르르 떨어진다.

이슬 굴르는 소리가
그렇게 클 수 있담

꿈과 생시가 넘나드는
창턱에 기대 앉아
눈이 다시 사르르 감긴다.

봄잠은 달구나
생각하는 대로 꿈이 되는,

희미한 기억의 저 편에서
少女들이 까르르 웃어댄다.

개울 물소린지도 모르지

감은 눈이 환해 오기에
해가 뜨나 했더니

그것은 피어오르는 복사꽃 구름.

아 이 아침 나를
창 앞으로 誘惑한 것은 무엇인가

꽃 그늘을 흔들어 놓고
산새가 파르르 날아간다.

아 침 1

누군가 뚜우 하고
나팔을 불었다.
놀라 깨어 창을 열치니
아무도 사람은 없다.

바지랑대를 감아 쥐고
사알살 기어오르던
넌출 끝에서
나팔꽃 한송이가
활짝 피었네.

잎새 위엔 주먹만한
이슬이 하나——
이슬이 온통
꽃자지 빛이다.

"옳지
요놈이 불어냈구나"
나도 갑자기
비누 방울을 날리고 싶어졌다.
들었던 치솔을 내던지고
비누물을 타가지고 왔다.

어느새 마슬을
한바퀴 돌았나
바둑이란 놈이 뛰어들어와
꼬리를 친다.

꽃과 이슬을 번갈아 보며
고개를 연송 갸웃거린다.

"가만 있어
내 저놈보다
더 큰 것을 만들어 줄께
봐아라."

바로 그때였다 거미란 놈이
줄을 타고 내려온다.
거미가 나팔꽃을
들여다 본다.

나는 후우 하고
비누 방울을 불어올렸다.
주먹만한 비누 방울이
동동 떠오르더니

빨랫줄을 살짝 넘어
이슬 옆에 가서 사뿐 앉았다.

주먹만한 이슬 옆에
주먹만한 비누 방울

"야
신난다."

거미가
나팔꽃 속으로 들어가려고
가느다란 발을 디밀었다.
갑작스레 빠앙 하고
나팔꽃이 외치는 바람에
이슬도 비누 방울도 꺼져 버렸다.

나는 뒷개울로 막 달아났다.
바둑이가 좇아왔다.

"빨·주·노·초·파·남·보
보·남·파·초·노·주·빨"

소 리

햇살 바른 곳에 눈을 꼬옥 감고 서 있으면
귀가 환하게 열려온다.

환히 열리는 귓속에 들려오는 소리는
화안한 빛을 지닌 노랫소리 같다.

지금 마악 눈 덮인 앞산을 넘어
밭고랑으로 개울가으로
퍼져 가는 바람 소리는 연두빛이다.

냉이싹 보리싹 오맛 푸나무 잎새들이
재잘거리는 소리다.
그것은 또 버들피리 소리가 난다.

그리고 논두렁으로 도랑가으로
울타리 옆으로 흙담 밑으로
살살 지나가는 바람은 노랑빛이다.

민들레 개나리 또는 담을 넘어
팔랑팔랑 날아오는 노랑나비 날개 빛이다.
아 이것은 바로 꾀꼬리 소리다.

그리고는 또 이제 앞뒷산으로
병풍을 두르듯이 휘도는 세찬 바람 소리는
연분홍 보라빛 꼭두서니 빛이다.

진달래 복사꽃 살구꽃 빛이다.
온 마을을 온통 고까옷을 입혀 놓는 명절 빛이다.
아 이건 애국가 합창 소리가 난다.

눈을 뜨면 아무 소리도 없고
귀를 감으면 아무 빛도 안 보인다.
앙상히 마른 나뭇가지와 얼어붙은 흙뿐이다.

그러나 봄은 겨울 속에 있다.
풀과 꽃과 열매는
얼음 밑에 감추여 있다.

그리고 꿈은 언제나 생시보다는
한철을 다가서 온다.

햇살 바른 곳에 눈을 꼬옥 감고 서 있으면
화안한 새 세상이 보인다.

연

    하늘이 파랗게 얼어붙었다. 바람이 말굽 소리를 내며 달려간다.

    소년이 연을 들고 언덕을 올라간다. 하늘이 가까와서가 아니라 바람이 알맞아서 좋다.

    소년은 생각한다. '넓긴 얼마나 넓은지 몰라도 하늘 높이사 만만하다.' 소년은 정성스레 모은 실오리의 끝을 믿는다.

    연감개를 푼다. 바람이 소년의 코끝에 매달린다. 연은 하늘 아득히 별처럼 깜박이기도 하고 고기처럼 꼬리를 치기도 하고 이내 땅을 향하여 곤두박질 친다.

    소년은 실을 감는다. '에씨 하늘이 높다더니 이 실을 반도 못 푼담……' 소년은 제 실의 끝을 모른다.

    연이 다시 바람을 타고 솟는다. 실이 연신 풀린다. '하늘이여 이 실이 다하거든 연을 끊어 주소서.' 소년은 기도하는 마음이다.

    연이 끊어지면 어쩌나. '그 많은 실 아까운 마음의 보람을 잃으면 어쩌나'

    소년은 이내 연줄이 끊길 것을 근심한다.

연이 마침내 끊어졌다. 바람을 타고 연이 하늘 높이 깜박이며 조용히 떠 간다.
소년은 연을 지켜보며 눈도 깜박이지 않고 서 있다.

이름 하나 쓰지 않은 연, 연은 이제 소년의 것이 아니다.
하늘이 안개 끼듯 내려앉는다.
연이 없다. 빈 연감개만이 손에 남아 있다.

소년은 쓸쓸히 언덕을 내려온다. 연을 잃어버린 슬픔으로 가슴이 흐뭇이 즐거워진다.
연을 하늘 높이 잃어 보지 않곤 하늘에 꿈을 두지 말라——

소년은 돌아오는 길에 전봇대에 걸려서 파닥이는 연을 본다.
'에씨 저러고서 연은 뭣 때문에 날린담'
소년은 어깨를 으쓱 하고 하늘을 본다.

아—— 띄운 보람, 잃은 보람, 소년의 뺨이 달아오른다. 소년은 다시 댓가지와 가위와 크레용을 들고 툇마루로 나온다. 밥풀로 붙인다. 실을 감는다.

햇살이 따사하다, 바람 소리가 휘파람을 불며 온다.

冬夜抄

　포플라나무 꼭대기에 깨어질 듯 밝은 차운 달을 앞뒷산이 쩌렁쩌렁 울리도록 개가 짖는다.

　옛이야기처럼 구수한 문풍지 우는 밤에 마귀할미와 범 이야기 듣고 이불 속으로 파고들던 따슨 아랫목.

　할머니는 무덤으로 가시고 화로엔 숯불도 없고 아 다 자란 아기에게 젖줄 이도 없어 외로이 돌아앉아 蜜柑을 깐다.

女 人*

그대의 함함이 빗은 머릿결에는
새빨간 동백꽃이 핀다.

그대의 파르란 옷자락에는
상깃한 풀내음새가 난다.

바람이 부는 것은 그대의 머리칼과
옷고름을 가벼이 날리기 위함이라

그대가 고요히 걸어가는 곳엔
바람도 아리따웁다.

---

* 편집자 주 : 초고에는 "妓女에게"로 되어 있음.

색 시

새하얀 반포 수건을 쓰고 멧새 우지지는 푸른 길을 걸어가는 색시는 점심보구니에 이름모를 들꽃을 따서 담았다.

산비탈 소나무 아래 사나이는 담배를 태우며 하늘을 본다. 흰구름이 쉬어 넘는 서낭당 고요한 돌더미 색시는 보구니를 내려놓고 사뿐이 절한다.

돌아오는 길에 채색 따짜구리를 보고 갓 시집온 색시는 얼굴을 붉힌다.
"울타리 옆 한 그루 살구나무 나를 사랑하던 복이는 장갈 갔을까"
바람이 불 적마다 색시는 밤물 치마를 여민다.

아 침 2

藥草밭 머리로 흰 달이 기울면

안개 솔솔 풀잎에 내리고
노고지리 우지지다 하늘도 개인다.

떨어지는 구슬 속에
새 울음 소리도 들릴 듯이 ……

여흘물 돌 틈으로 돌고
산꿩이 포드득 날아간다.

버드나무 선 우물가엔 물동이 인 순이가 보인다.

"마을에서는 보리밥 뜸지고
된장이 보글보글 끓으리라"

김매던 호미 상긋한 풀섶에 자빠지고
햇살이 다복이 퍼지는 아침 마을이 웃는다.

山中問答

"새벽닭 울 때 들에 나가 일하고
달 비친 개울에 호미 씻고 돌아오는
그 맛을 자네 아능가"

"마당 가 멍석자리 쌉살개도 같이 앉아
저녁을 먹네
아무데나 누워서 드렁드렁 코를 골다가
심심하면 퉁소나 한가락 부는
그런 멋을 자네가 아능가"

"구름 속에 들어가 아내랑 밭을 매면
늙은 아내도 이뻐 뵈네
비온 뒤 앞개울 고기
아이들 데리고 낚는 맛을
자네 太古적 살림이라꼬 웃을라능가"

"큰일 한다고 고장 버리고 떠나간 사람
잘 되어 오는 놈 하나 없데
소원이 뭐가 있능고
해마다 해마다 시절이나 틀림없으라고
비는 것뿐이제"

"마음 편케 살 수 있도록
그 사람들 나라일이나 잘하라꼬 하게
내사 다른 소원 아무것도 없네
자네 이 마음을 아능가"

老人은 눈을 감고 환하게 웃으며
막걸리 한 잔을 따뤄 주신다.

"예 이 맛은 알 만합니더"
靑山 白雲아
할 말이 없다.

터져오르는 喊聲*

네 壁 어디를 두다려 봐도
이것은 꽝꽝한 바윗속이다.

머리 위엔 푸른
하늘이 있어도
솟구칠 수가 없구나
民主主義여!

絶望하지 말아라
이대로 바윗속에 끼여 化石이 될지라도
1960年代의 暴惡한 政治를
네가 歷史 앞에 증거하리라.

權力의 구둣발이 네 머리를 짓밟을지라도
殘忍한 총알이 네 등어리를 꿰뚫을지라도
絶望하지 말아라 絶望하진 말아라
民主主義여!

백성의 입을 틀어막고 목을 조르면서
"우리는 民主主義를 信奉한다"고

---

* 1960년 4월 13일에 木月, 南秀, 木南으로 더불어 한편의 연작시를 이루니 이는 그 종장이다. 《새벽》 그달치에 실리다.

외치는 者들이 여기도 있다
그것은 羊의 탈을 쓴 이리

獨裁가 싫어서 獨裁主義와 싸운다고
손뼉치다가 속은 백성들아
그대로 絶望하진 말아라
民主主義여!

生命의 밑바닥에서 터져오르는 喊聲
그 불길에는
짓눌려 놓은 바위뚜껑도 끝내
하늘로 퉁겨지고 마는 것

가슴을 꽝꽝 두다려 봐도
울리는 것은 自由의 心臟, 그것은 光明
暗黑의 벌판에 물길을 뚫고
구비치는구나 이 激流에
바위도 굴러내린다.

絶望하지 말아라
이대로 가시를 이고 바다 속에 던져질지라도
不義을 憎惡하고 咀呪하는 波濤는

네 몸의 못자욱을
告發하리라 白日 아래
民主主義여!

革 命*

아 그것은 洪水였다
골목마다 거리마다 터져나오는 喊聲

백성들 暗黑 속으로 몰아넣은
"不義한 權力을 打倒하라"
良心과 純情의 밑바닥에서 솟아오른
푸른 샘물이 넘쳐 흐르는
쓰레기를 걸레 쪽을 구더기를 그
罪惡의 구덩이를 씻어내리는
아 그것은 波濤였다.
東大門에서 鐘路로 世宗路로 西大門으로
逆流하는 激情은 바른 民心의 새로운 물길,
피와 눈물의 꽃波濤
南大門에서 大漢門으로 世宗路로 景武臺로
넘쳐흐르는
이것은 義擧 이것은 革命 이것은
안으로 안으로만 닫았던 憤怒

온 長安이 출렁이는 이 激流 앞에
웃다가 외치다가 울다가 쓰러지다가

---

* 1960년 4월 26일 밤《경향신문》복간(復刊)에 즈음하여 축시를 청하므로 4월 혁명의 감격을 직정(直情)의 분류(奔流) 그대로 쏟아 놓다.

끝내 흩어지지 않은 피로 물들인
온 民族의 이름으로
일어선 者여

그것은 海溢이었다.
바위를 물어뜯고 왈칵 넘치는
不退轉의 意志였다. 高貴한 피 값이었다.

正義가 이기는 것을 눈앞에 본 것은
우리 평생 처음이 아니냐
아 눈물겨운 것
그것은 天理였다.
그저 터졌을 뿐 터지지 않을 수
없었을 뿐
愛國이란 이름조차 차라리
붙이기 송구스러운
이 빛나는 波濤여
海溢이여!

늬들 마음을 우리가 안다
───── 어느 스승의 뉘우침에서

그 날 너희 오래 참고 참았던 義憤이 터져
怒濤와 같이 거리로 거리로 몰려가던 그 때
나는 그런 줄도 모르고 硏究室 창턱에 기대 앉아
먼산을 넋없이 바라보고 있었다.

午後 二時 거리에 나갔다가 비로소 나는
너희들 그 무엇으로도 막을 수 없는 물결이
議事堂 앞에 넘치고 있음을 알고
늬들 옆에서 우리는 너희의
불타는 눈망울을 보고 있었다.
사실을 말하면 나는 그날 비로소 너희들이
갑자기 이뻐져서 죽겠던 것이다.

그러나 이것은 어쩐 까닭이냐.
밤늦게 집으로 돌아오는 나의 발길은 무거웠다.
나의 두 뺨을 적시는 아 그것은 뉘우침이었다.
늬들 가슴 속에 그렇게 뜨거운 불덩어리를
간직한 줄 알았더라면
우린 그런 얘기를 하지 않았을 것이다
요즘 학생들은 氣槪가 없다고

병든 先輩의 썩은 風習을 배워 不義에 팔린다고
사람이란 늙으면 썩느니라 나도 썩어 가고 있는 사람
늬들도 자칫하면 썩는다고 ……

그것은 정말 우리가 몰랐던 탓이다
나라를 빼앗긴 땅에 자라 악을 쓰며 지켜왔어도
우리 머리에는 어쩔 수 없는
병든 그림자가 어리어 있는 것을
너희 그 淸明한 하늘 같은 머리를 나무랬더란 말이다.
나라를 찾고 侵略을 막아내고 그러한 自主의 피가
흘러서 젖은 땅에서 자란 늬들이 아니냐.
그 雨露에 잔뼈가 굵고 눈이 트인 늬들이 어찌
民族萬代의 脈脈한 바른 핏줄을 모를 리가 있었겠느냐.

사랑하는 학생들아
늬들은 너희 스승을 얼마나 원망했느냐
現實에 눈감은 學問으로 보따리장수나 한다고
너희들이 우리를 민망히 여겼을 것을 생각하면
정말 우린 얼굴이 뜨거워진다 등골에 식은 땀이 흐른다.
사실은 너희 先輩가 약했던 것이다 氣槪가 없었던 것이다.

每事에 쉬쉬하며 바른 말 한마디 못한 것

그 늙은 탓 純粹의 탓 超然의 탓에
어찌 苟責이 없겠느냐.

그러나 우리가 너희를 꾸짖고 욕한 것은
너희를 경계하는 마음이었다. 우리처럼 되지 말라고
너희를 기대함이었다 우리가 못할 일을 할 사람은
늬들뿐이라고——
사랑하는 학생들아
가르치기는 옳게 가르치고 行하기는 옳게 行하지 못하게 하는 세상
제자들이 보는 앞에서 스승의 따귀를 때리는 것쯤은 보통인
그 무지한 깡패떼에게 정치를 맡겨 놓고
원통하고 억울한 것은 늬들만이 아니었다.

그러나 이럴 줄 알았더면 정말
우리는 너희에게 그렇게 말하진 않았을 것이다.
가르칠 게 없는 훈장이니
선비의 정신이나마 깨우쳐 주겠다던 것이
이제 생각하면 정말 쑥스러운 일이었구나.

사랑하는 젊은이들아
붉은 피를 쏟으며 빛을 불러 놓고

어둠 속에 먼저 간 수탉의 넋들아
늬들 마음을 우리가 안다 늬들의 공을 온 겨레가 안다.
하늘도 敬虔히 고개 숙일 너희 빛나는 죽음 앞에
해마다 해마다 더 많은 꽃이 피리라.

아 自由를 正義를 眞理를 念願하던
늬들 마음의 고향 여기에
이제 모두 다 모였구나
우리 永遠히 늬들과 함께 있으리라.

―― 1960. 4. 20

사랑하는 아들 딸들아
——— 四月 義擧 學生父母의 넋두리에서

어머니들은 대문에 기대어서 밤을 새우고
아버지들은 책상 앞에 턱을 괴고 앉아 밤을 새운다.
비록 저희 아들 딸이 다 돌아왔다 한들 이 밤에
어느 어버이가 그 베갯머리를 적시지 않으랴.

사랑하는 아들 딸들아
우리는 늬들을 철모르는 아인 줄로만 알았다.

마음 있는 사람들이 썩어 가는 세상을 괴로와하여
몸부림칠 때에도
그것을 못 본 듯이 짐짓 무심하고 짓궂기만 하던 늬들을
우리는 정말 철없는 아인 줄로만 알고 있었다.
그러니 어찌 알았겠느냐 그날 아침
여니 때와 다름없이 책가방을 들고
泰然히 웃으며 학교로 가던 늬들의 가슴 밑바닥에
冷然한 決意로 싸서 간직한 그렇게도 뜨거운
불덩어리가 있었다는 것을
사랑하는 아들 딸들아 우리는 아직도 모른다.

무엇 때문에 어린 늬들이
너희 父母와 조상이 쌓아온 죄를 대신 贖罪하여

피흘리지 않으면 안 되었다는 것을

연약한 가슴을 헤치고 목메어 외치는 늬들의 純情을
총칼로 무찌른 무리가 있었다는 것을

아무리 죄지은 者일지라도 늬들 앞에 진심의 참회
부드러운 위로 한마디의 言約만 있었더라면
늬들은 조용히 물러나왔을 것을
그렇게까지 너희들이 怒하지는 않을 것을
그 값진 피를 마구 쏟고 쓰러지지는 않았을 것을
사랑하는 아들 딸들아
너희는 종내 돌아오지 않는구나
어느 거리에서 그 향기 놓은 鮮血을 쏟고 쓰러졌느냐.
어느 病院 베드 위에서 외로이 呻吟하느냐 어느 산골에서
굶주리며 방황하느냐.

高貴한 희생이 된 너희로 하여
民族萬代 脈脈히 살아 있는 꽃다운 魂을
暴徒라 부르던 사람들도 이제는 너희의 功을 알고 있다.
떳떳하고 귀한 일 했으며 너희
부몬들 또 무슨 말이 있겠느냐마는 아무리 늬들의 功이
祖國의 歷史에 남아도

너희보다 먼저 가야 할 우리 어버이 된 者의 살아 남은 가슴에는
죽는 날까지 빼지 못할 못이 박히는 것을 어쩌느냐.

사랑하는 아들 딸들아
참으로 몰랐다 너희들이 이렇게 가야 할 줄을
너희 부모들은 길이 두고 마음 속에 너를 기다려
문에 기대서고 책상 앞에 턱 괴고 밤을 새울 것이다.

모진 바람에 꽃망울조차 떨어지고
총소리 속에 먼동이 터온다.
아 우리 사랑하는 아들 딸들아
고이 잠들거라.

偶　吟

사람마다 가슴 위에
과녁 하나쯤은 달아야 할 일이다.

왼편 가슴에 心臟이 있는 줄을
누가 모르나

心臟이 어디 良心이라야지
良心을 쏴라 良心으로.

쓸데없고 성가시고
가다간 목숨까지 잃는다고

盲腸처럼 良心을
잘라버리고 사람들은

저마다 가슴에
勳章을 달고 있다.

勳章은 背理 그 뒤에는
罪過가 犧牲이 눈물이 살아 있다.

과녁이 없거든
勳章을 쏴라

거기가 바로 心臟이다
心臟이 어디 良心이라야지

良心을 자른 者는
눈물도 죄악이다 울지 말아라.

革命이 아니라면
피흘린 사람들은 內亂罪로 몰아야지

溫情의 눈물 앞엔
大義도 무너진다.

아 革命은 보람 없는 것
죽은 줄 알았던 죄인이 다시 걸어나오고

사람들은 그 幽靈들에게
一票의 功能을 喜捨하려 한다.

울부짖으며 죽어간 사람의
영혼에 침을 뱉는구나

원통한 무덤에는
풀이 나지 않으리라.

이 사람을 보라
──── 革命國會에 부치는 글

이 사람을 보라
이는 三千萬의 良心
革命의 戰士
이 젊은 尖兵의 빛나는 눈을
멀게 한 자는 무엇이며 또 누구였던가.
그날 不義를 무찌르러
그 牙城을 向하여
외치며 달려간 勇士들
그 수없이 넘어진 屍體를 밟고
뿌린 피의 강물을 넘어
마침내 革命의 깃발을 꽂아
勳章 대신에 눈을 잃고 팔다리를 잃고
그래도 生命 있는 立像으로
살아 있는
이 사람을 보라.

아 ──── 革命精神은 어디로 갔는가
詭辯의 法은 제 손으로 제 목을 졸라
獨裁者의 走狗, 亡國의 元兇들을
處斷함에 逡巡하고
不正蓄財者를 어루만지고

罪惡의 徒黨의 더러운 손을 이끌어
그들을 살리고
나라를 亡친 자들이
革命國會에 厚顔無恥하게
나와서 활개짓하는 오늘
진실로 이 사람들을
배반당한 슬픔 속에
몰아 넣지 않을 굳은 決意를
무엇으로 보이려는가

이름만의 革命
새로운 執權의 歡喜에
그대들이 빠져갈 때
祖國은 累卵의 危機에서
民族을 덩어리 금새로 잃을
關頭에서
하늘을 우러러 號哭하고 있음을
잊지 말라
이러고서야 亡하지 않을 수
없으리라는
어제까지의 그 危懼는 아직도
사라지지 않았는데

十萬의 選良에 自誇하는 동안
三千萬의 良心을 잃으면
때는 늦은 것

이 사람을 보라
肉眼은 멀어도 그로해서 心眼은
더 밝아졌노니
이는 三千萬의 良識
革命의 監視者
눈은 멀어도 입은 아직
咆哮할 수 있고
팔다리는 끊기어도
마음은 길이
民族의 念願 속에 鼓動한다

부패의 뿌리를 뽑고
經濟의 活氣를 불어넣고
法의 尊嚴을 지키고
秩序를 回復하자면
진실로 粉骨碎身의 決意와
獻身만이
있어야 한다

權謀와 術數보다 廉潔과 公正을
壓力과 懷柔보다는 誠謹과 果敢을
아──── 이것만이 그대들에게 보내는
겨레의 信望
젊은 革命戰士들의 念願임을
잊지 말라
어찌 한 시인들 잊을 수 있으랴
그대들 항상 名利에 마음 팔릴 때
奮然히 깨우칠 말 한마디
"이 사람을 보라"

獅　子

獅子는 잘 怒하지 않는다.
陽地 쪽에 누워 졸고 있는 그에게
돌이라도 던져 보라.
천천히 고개를 들어
周圍를 한 번 둘러 보고는
이내 아무렇지도 않은 듯이
다시 조으는 그 風度를 보라.

아 懶怠와도 같은 無關心 속에
저 曠野를 疾風과 같이 휘몰아 가는
奮迅의 氣槪가 깃들어 있음을
그 누가 알 것인가.

病들었다던 四月의 獅子들이
그날 獨裁의 牙城을 向하여
달려가던 피의 자국을
우리는 역력히 보았더니라.

獅子는 함부로 외치지 않는다.
외치는 듯 그것은 소리 없는 絕叫
기인 하품일 뿐
날씬한 몸매를 거창한 머리의

위엄으로 감추고
조용히 기지개 켜는 그 餘裕를 보라.

이 安逸과도 같은 도사림 속에
저 百獸를 慴伏시키는
望天의 獅子喉가 깃들어 있음을.

잠자는 四月의 獅子들이
이제 무엇을 向하여
그 울부짖음을 터뜨릴 것인가를
우리는 역력히 지켜볼 것이다.

그날의 噴火口 여기에
――― 高大 四月革命塔銘

自由! 너 永遠한 活火山이여
邪惡과 不義에 抗拒하여
壓制의 사슬을 끊고
憤怒의 불길을 터뜨린
아! 1960年 4月 18日
天地를 뒤흔든 正義의 喊聲을 새겨
그날의 噴火口 여기에 돌을 세운다.

불은 살아 있다*

조상으로부터 물려 받은 작은 불씨를 죽이지 않고 가꾸어온
마을이 있었다.
"그렇지 불을 남의 집에 가서 꾸어 올 수야 없지!"

질화로에서 찝어낸 새빨간 숯부스러기는
호롱불 심지에 대고 정성스리 불어서
어둠을 몰아내기도 하고
마른 솔잎에 싸서 가마솥의 물을 沸騰시키기도 했다.
그나 그뿐이랴 이 작은 불씨는 어느 날엔
갑자기 앞 뒷산으로 튀어올라
烽火가 되어 타오르기도 했다.

마음속 깊숙히 작은 불씨를 묻어 놓고
이 고장 사람들은 웃으며 살았다.
"그렇지 성냥개피 하나로 爆發할 수야 없지!"
스스로 지닌 內部의 불길에 머리가 달아오를 때는
얼음조각이 뜨는 동치미 국물에 숯토막을 띄워서
목을 축이고 짐짓 忍苦의 세월을 견디어 왔다.
그래도 아이들은 가만히 앉아 있지를 못한다.
마른 쇠똥에 불씨를 옮겨 가지고 곧잘 벌판을 내달았다.

---

* 木月, 南秀, 斗鎭으로 더불어 같은 題로 지은 연작시이다.

노란 잔디밭에 가시덩쿨에 불을 지르고 세찬 바람을 받아
휘몰아 가는 불길을 바라보며 아이들은 一齊히 喊聲을 올렸다.

맨발 벗고도 상기한 뺨——— 少年의 가슴에
옛날의 꽃다운 傳說이 어린다.
"그렇다 永遠한 하늘의 불은 살아 있다!"

餘韻 후기

　1957년부터 1964년에 이르는 7년 간의 작품 중에서 몇 편을 골라 "여운"(餘韻)이란 이름 아래 엮어 보았다. 제 1 부의 '여운'(1957)이 가장 오랜 것이고, 제 2 부의 '산중문답'(1964)이 가장 나중 것이다. 그리고 제 2 부의 〈색시〉와 〈아침 2〉는 8·15 전 것으로 기간시집(既刊詩集)에 누락(漏落)된 것임을 밝혀 둔다.

　제 3 부에 모은 시편(詩篇)들은 나의 제 3 시집 《역사 앞에서》의 속편(續篇)으로 4월혁명의 사회시편(社會詩篇)들이다. 그날의 격정(激情)도 이제는 하나의 여운(餘韻)이 되었다. 나 자신을 정리하는 뜻에서 여기 함께 간추리는 것이다.

　종소리의 여운(餘韻)을 듣는달까 귀로(歸路)의 정서(情緒)에 붓대를 멈추고 한동안 쉬련다. 날아오는 시(詩)의 나비들을 가슴에 잠재우면서 ──

1964년 10월
著 者 志之

바위

頌

白 蝶*

밤
꽃진
불다가
슬픈 피리
고요히 지라
정가로운 눈물
가슴에 눈물지고
병들거라 아픈 가슴
하이얀 花瓣 고운 喪章아
너는 갔구나 잊히지 않는
조촐히 사라진 白蝶
기쁜 노래 숨진 뒤
가슴 가을 되고
작은 葬送譜
꽃피는 밤
별 섬겨
노래
한

* 편집자 주 : 이 시의 형태는, 작품의 제목이 시사하듯이, 나래를 편 '흰나비'〔白蝶〕의 모습을 시각화한 것이다. 시인의 그런 의도를 제대로 살리기 위해 이 작품의 경우는 특별히 세로쓰기의 방식을 따랐다.

幸福論

1

멀리서 보면
寶石인 듯

주위서 보면
돌멩이 같은 것

울면서 찾아갔던
산 너머 저쪽.

2

아무 데도 없다
幸福이란

스스로 만드는 것
마음 속에 만들어 놓고

혼자서 들여다보며
가만히 웃음짓는 것.

3
아아 이게 모두
과일나무였던가

웃으며 돌아온
草家 三間

가지가 찢어지게
열매가 익었네.

——— 1967. 10. 22. 《한국일보》 日曜詩壇

對 話 篇

새하얀 바람에는
새빨간 넥타이로
―― 손이 절로 가는걸 어쩌나.

얇은 햇살에 흰 머리칼
반짝이는 한두 오리를
―― 늙기도 정말 어렵네그려

짐짓 短杖을 짚고
裸木 숲 샛길로 접어든다
―― 激情이야말로 걱정이지

靑春이란, 혀끝으로
가벼이 吟味하는 것
―― 나도 옛날엔 그랬었다.

아 沈潛하는 食慾
깊숙한 곳의 꿀을……
―― 아득한 山河에 눈이 내리리라.

―― 新詩六旬紀念作 시리즈

눈

검정 수목 두루마기에
흰 동정 달아 입고 창에 기대면

박넌출 상기 남은 기운 울타리 위로
장독대 위로 깨어진 화분 위로
새하얀 눈이 나려 쌓인다

홀로 지니던 값진 보람과
빛나는 자랑을 모조리 불사르고

안해가 새로 지은 옷 속에 싸여
落葉처럼 無念히 썩어 가면은

이 虛妄한 時空 위에 내 외로운 영혼 가까이
이렇게도 흰눈은 나려 쌓인다

마음 서러이도 고요한 날은
아련히 들려오는 풀피리 가락……

悲哀로 하여 내 혼이 야위기에는
絶望이란 오히려
나리는 눈처럼 포근하고나.

病에게

어딜 가서 까맣게 소식을 끊고 지내다가도
내가 오래 시달리던 일손을 떼고 마악 안도의 숨을 돌리려고 할 때면
그때 자네는 어김없이 나를 찾아오네.

자네는 언제나 우울한 방문객
어두운 音階를 밟으며 불길한 그림자를 이끌고 오지만
자네는 나의 오랜 친구이기에 나는 자네를
잊어버리고 있었던 그 동안을 뉘우치게 되네

자네는 나에게 휴식을 권하고 生의 畏敬을 가르치네
그러나 자네가 내 귀에 속삭이는 것은 마냥 虛無
나는 지그시 눈을 감고, 자네의
그 나즉하고 무거운 음성을 듣는 것이 더없이 흐뭇하네

내 뜨거운 이마를 짚어 주는 자네의 손은 내 손보다 뜨겁네
자네 여윈 이마의 주름살은 내 이마보다도 눈물겨웁네
나는 자네에게서 젊은 날의 초췌한 내 모습을 보고
좀더 성실하게 성실하게 하던
그날의 메아리를 듣는 것일세

生에의 집착과 未練은 없어도 이 生은 그지없이 아름답고

地獄의 형벌이야 있다손 치더라도
죽는 것 그다지 두렵지 않노라면
자네는 몹시 화를 내었지

자네는 나의 정다운 벗, 그리고 내가 공경하는 친구
자네가 무슨 말을 해도 나는 노하지 않네
그렇지만 자네는 좀 이상한 성밀세
언짢은 표정이나 서운한 말, 뜻이 서로 맞지 않을 때는
자네는 몇 날 몇 달을 쉬지 않고 나를 說服하려 들다가도
내가 가슴을 헤치고 자네에게 傾倒하면
그때사 자네는 나를 뿌리치고 떠나가네

잘 가게 이 친구
생각 내키거든 언제든지 찾아 주게나
차를 끓여 마시며 우리 다시 人生을 얘기해 보세그려

─── 1968년 《思想界》 1월호

바위 頌

한자리에
옴짝 앉으면
이끼 앉는다던데

차라리
흰구름조차
훌훌
벗어 버리고

푸른
하늘로
치솟는

裸身의
意志

탁 트인
이마
드넓은
가슴으로

累巨萬年의

그 소슬한
沈默을
깨뜨려라

바위여 ──
　(바위도 울 때가
　있느니)

스쳐가는 것은
오직 風霜
흔들리지 않는다
바위는

그 歷史를
가슴에 새길 뿐
冷徹하고 嚴肅한
威儀 앞에

사람들아
옷깃을 여미고
배우자
바위

永遠한
不動의 姿勢
항상 淸純한
그 呼吸을.

풀잎 斷章 2

살아 있는 모든 것의
가슴 속 깊이

꽃다이 흐르는
한 줄기 鄕愁

짐짓 사랑과
미움을 베풀어

다시 하나에 통하는
길이 있고나

내 또한 아무 느낌 없는
한 오리 풀잎으로

고요히 한줌 흙에
의지하여 숨쉬노니

구름 흘러가는 언덕에
조용히 눈 감으면

나의 영혼에 連하는

모든 生命이

久遠한 刹那에
明滅하노라.

五 月

躑躅꽃 난만한 사잇길로
山羊이 울고 가고

초록빛 언덕을 넘어
흰구름이 피어오른다.

푸른 잔디를 흘러내리는 햇살에
오랑캐꽃 두셋이 꿈결에 조으는데

버드나무 선 못가에서
던져 보는 조약돌

波紋이 사라진 뒤에도 나의 가슴에는
애닯은 年輪이 돌아간다.

노고지리와 뻐꾸기와 보구니 다 버리고
나의 少女는 영영 돌아오지 않는다.

꽃피는 얼굴로는

너 이글이글 타는 눈으로
나를 보지 말아라.

나는 時間과 空間을 잊어버린 사람
永遠과 刹那를 混同하는 사나이.
一切가 아니면 無를———
잠재워 둔 사랑의 慾求에
불을 붙여서는 안 된다.
너 활활 달아오르는 꽃피는 얼굴로는 나를 보지 말아라.
꿈과 生時는 같은 것.

二律背反

　모든 사람을 다 사랑하는 듯 실상
　한 사나이밖에 사랑할 수 없는 아름다운 거짓 殘忍한 眞實의 化身.
　너 모든 女人의 이름이여!

　한 사람만을 사랑하는 듯 마침내 모든 女人을 다 사랑하는 어리석은 寬容 아름다운 沒落의 象徵.
　너 모든 사나이의 이름이여!

悲 戀

 저 푸른 하늘 아래 어디엔들 꽃피는 마을이 또 없을라구, 불붙는 눈매에 이끌리어 허덕이며 따라간 사나이는 겹겹이 닥쳐오는 얼음 속을 외로이 방랑하다가 巨大한 맘모스의 어리석은 化石으로 누워 있는데 오늘도 언덕 너머 그 女人이 사는 집 들창가에는 누구의 아기를 잠재우는가 자장가 소리 —— 세월은 이렇게 겨울이 가고 또 한번 봄철을 가져오는데…….

悲　歌

　미워하지 말아라 미움은 괴로운 것
　사랑하지 말아라 사랑은 더 괴로운 것
　그 執著의 洞窟 안에 너희가 찾을 것은 마침내 離別의 슬픈 水脈! 아
　그 하늘 아래 그 물을 마시고 살아야 하는 太初以來의 悲戀의 啓示 속에 너는 있어라 검은 머리 파뿌리 되기에는 세월은 이다지 지루하고나.

찔 레 꽃

찔레꽃 향기 우거진 골에
어지러운 머리를 나는 어쩌나

검은 머리카락 칠칠히도
가락마다 아롱지는 희고 가는 목덜미

겁에 질린듯이 救援의 손을 흔들고
꿈꾸는 긴 눈썹 홀로 가는 뒷모습

찔레꽃 향기 우거진 골에
어지러운 머리를 나는 어쩌나

裁斷室

네 개의 거울 사이에서 나는 당황한다.
네 개의 거울 사이에서 무수한 나를 찾아 낸다.

이 無限한 나 속에서 나 같은 나를 찾으면
오른쪽 거울쪽으로 보이는 스물셋의 '나'
왼쪽 거울 속으로 보이는 스물셋의 '나'
스물셋의 나의 얼굴은 같지가 않다.

어느 것이 眞實로 나인가
단 혼자 다가서는 나 앞에 있는 '나'
여럿이 숨어 있어도 볼 수 없는 '나' 뒤에 있는 '나'
나를 찾아 맴돌면 나는 없어지고 만다.

나 같은 나를 對面하는 날 나는 슬프리.
나 아닌 나를 나는 사랑한다.

懺　悔

　샤를르 보들레르여 난 그대를 읽은 것을 뉘우치노라
　오스카 와일드여 난 그대를 읽은 것을 뉘우치노라
　李白이여 杜子美여 랭보여 콕토여
　무엇이여 무엇이여 난 그대를 읽은 것을 뉘우치노라
　뉘우치는 그것마저 다시 뉘우치는 날 들창을 올리고 담배를 피운다 담배를 피우며 창을 내린다.

印刷工場

  모래밭을 스며드는 잔물결같이
  잉크 롤라는 푸른 바다의 꿈을 물고 사르르 밀려갔다.
  물새인 양 뛰어박힌 은빛 活字에 바야흐로 海洋의 傳說이 옮아 간다. 흰 종이에도 푸른 하늘이 밴다. 바다가 젖어든다. 破裂할 듯 나의 心臟에 眞紅빛 잉크, 문득 고개 들면 유리창 너머 爛漫히 뿌려진 靑春, 복사꽃 한 그루.

華戀記

　白孔雀이 파르르 날개를 떤다, 파란 電燈이 켜진다, 白蠟 같은 손가락을 빤다, 빠알간 피가 솟는다. 피는 孔雀夫人 가슴에 얼굴을 묻고 눈물도 아픈 즐거움에 즐거움은 가슴을 쪼다. 아 흰 꽃이 피는 빈 창밖으로 호로 馬車가 하나 은빛 어둠을 헤치고 北으로 갔다. 나어린 少女에게 義로운 피를 잃고 이름도 모를 屈辱에 값싼 웃음을 파는 賣春婦, 나는 貴族令孃의 淫樂의 奴隷란다. 하이얀 電燈을 부수고 하늘빛 구슬을 빨자. 알콜을 빨면 푸른 靜脈이 動脈이 된다. 바다가 된 陸地다. 破船된 寢室이다. 情熱이 過剩되면 生活은 모자라 슬픈 刺戟은 한밤의 戀劇을 낳는다. 나는 대체 죽었느니라.

마 음

찔레꽃 향기에
고요가 스며
청대닢 그늘에
바람이 일어

그래서 이 밤이
외로운가요
까닭도 영문도
천만 없는데

바람에 불리고
물 우에 떠가는
마음이 어쩌면
잠자나요.

서늘한 모습이
달빛에 어려

또렷한 슬기가
별빛에 숨어

그래서 이 밤이

서러운가요
영문도 까닭도
천만 없는데

별 보면 그립고
달 보면 외로운

마음이 어쩌면
잊히나요.

風流原罪

나비 같은 넥타이를 매고 막걸리를 마시는 것은 멋이다.

몬지밖에 남은 것이 없는 주머니 속에서 義理를 얘기하는 것은 멋이다.

낯선 저자를 떠다니며 이름도 모를 藥을 파는 사람들. 낡은 깽깽이와 하늘이 무거운 물구나무—— 끝내 故鄕은 버리는 게 멋이다.

썩은 멋에 사는 세상에 새우젓 며루치젓만 먹는 것이 멋이다.

산에 가도 너를 생각한다. 바다에 가서도 너를 생각한다. 時事日非——
왜 이렇게 쓸쓸하냐.

산에도 가지 말고 바다에도 가지 말고 어질지도 말고 슬기롭지도 말고 어리고 못나게 돌아앉아 흐렁흐렁 막걸리나 마시면서 살꺼나.

하이얀 脫脂綿에 싸문 서릿발——— 죄고만 짜개칼로 손톱 발톱이나 깎고 피 한 방울만 내며는 멋이다.

원수가 많아서 원수가 없는 날에는 原罪는 내가 지고 죽는 것이 멋이다.

아니 採藥을 해 먹고라도 사는 게 멋이다.

草笠

黃鶯 草笠 고웁다
하늘로 팽개치랴.

해바라기 꽃으로
우슴 웃고

알알이 구슬을
꾀어든 草笠

翡翠 비녀 어울려
아름다워라.

다홍치마 잔물결에
뜨는 꽃잎은

곱기가 사뭇
꾀꼬리 같아라

남빛 쾌자 팔락이며
草笠을 쓰고

감나뭇집 도령님이

장가가던 얘기 ……

앞냇가 방축에
꾀꼬리 울고

草笠은 곱기가
花紋席이라.

思 娘

머리카락과 머리카락을 마주 대고
눈물은 소리도 없이 고이 자랐다.

푸른 하늘로 기어오르는 흰 물오리 한 쌍
池塘엔 청청한 실버들만 늘어졌는데 ……

나귀 탄 새 신랑도 쪽도리 쓴 처녀도 없이
연두빛 풀밭에는 삼팔주 긴 수건만 떨려 있었다.

나비야 둘에 접은 만지장서로
규중 님네 가슴 속 깊은 골작에
사모치게 그립도록 젖어들어라.

옛 마을

　파란 방울 소리 푸른 산길을 예돌던 날 청노새는 누나의 슬픔을 몰랐소이다. 누나는 가마 속에 울고 가고 주름지우오신 어머니 눈. 무명 수건. 내 지금 천리 머나먼 온 길에 어버이 여희옴이여 눈물 헐하지 않음 양친 못보면 아오리다. 오막사리 앞뜰에 봉선화 한송이 올해도 피었다 이울어든…… 아—— 옛마을 그리움은 어버이 사랑하오심. 이 방 남으로 뚫린 창이 있사오매 눈물 흐르는 옛 생각 거두올 길 바이 없사외다.

合 掌

자다가 외로 일어
물소리 새록 차다.

깊은 산 고요한 밤
촛불은 단 하나라

눈감고 무릎 꿇어 合掌하는 마음에
한오리 香煙이 피어오른다.

내 더러운 五體를
고이 불사르면

水晶처럼 언 叡智에
煩惱도 꽃이 되리

조촐한 마음은
눈물로부터 ……

白　夜

꿈길
외로운 마음에 들창을 열면

초가집 지붕 위로
새하얀 눈이 나려 쌓인다.

흰 寢衣 자락에 쌓이는 슬픔
벽에 기대어 눈을 감는다.

밭기슭에서

검은 흙 속에서
파릇한 새싹이 고개를 든다.

내 발밑이 들먹인다.

따뜻한 바람이 불더니
버드나무 새눈을 떴네.

'누나는 순이하구 무슨 얘기를 속살거리누'
정답게 앉아 나물을 캔다.

뽀얀 구름을 뚫고 노고지리는
자꾸만 하늘로 솟아오르는데

진달래꽃 찾으려
나는 산으로나 갈까나……

물레방아는 돌지 않고
언덕 위엔 아지랑이만 아른거린다.

孔 雀 1

고읍다
하얀 잎새
太古然의 꿈
흰별 파랑별
五色빛 방울꽃에
나는 마구 眩暈이 난다.

孔 雀 2

부챗살이뇨.
아니라 아니라──── 官能의 퍼머넌트.
太陽이 장난감처럼 돌아가다
華麗한 性慾이다.

고개를 돌리고 나래를 떨면
파르르──── 어디서 별이 지능기요.
자라서 세 번 나의 별 속에 戀人이 묻혔어요────

戒銘

겨레 사랑하는 젊은 가슴엔

겨레 사랑하는 젊은 가슴엔
한송이 꽃보담도 한치의 칼을……
뼈 아픈 어둠 속에 입술을 물며
불타는 나의 魂이 나의 靑春이
여기 방황하는 물결 속에
울며 외친다 그 울음 九天에 사모치도록
꽃과 새와 바람도
祖國을 근심하여 웃지 않는 곳
겨레 위하여 사랑 않는 가슴에
끓어오르는 이 피를 네가 듣느냐
겨레 배반하는 스승과 벗들을
다시 배반하고
혼자라도 가야 할 길이 있나니
병든 革命의 녹슨 칼날에
불타는 영혼이 무찔릴지라도
온 겨레 우러르는 나의 하늘에
무슨 悔恨인들 남길 것이랴
人類文化 五千年 낡은 歷史 위에
새로운 太陽이 솟아오는 날
내 눈물에 내 영혼이 다시 씻기리
아아 나라 사랑하는 젊은 가슴엔
한송이 꽃보담도 한치의 칼을……

───── 1946. 4. 2. 《靑年新聞》

마음의 碑銘
—— 金九 先生의 靈轝를 보냄

당신은 흰 두루막을 입으신 채 돌아가셨습니다.

가슴에 박힌 총알 한 개 때문에 항시 虛空에 비스듬히 기대어 계시던 당신이

오늘은 가슴 한복판을 헤치고 사랑하는 젊은이가 쏘는 네 개의 총알을 받으면서 책상 앞에 기도를 드리듯이 그렇게 가셨습니다.

아 당신은 무엇 때문에 비바람치는 남의 땅에 달아나 꿈길에서마저 원수를 찾아 헤매었읍니까. 진실로 누구를 위하여 주린 허리띠를 졸라매고 원수의 목에 푸른 匕首를 겨누어 왔습니까.

겨레를 근심하기에 겨레의 원수를 참을 수 없기에 힘으로써 힘을 갚는 거룩한 피의 法度 앞에 당신이 스스로 肝에 새기시던 뉘우침은 그대로 우리들의 빛이었습니다.

원수를 사랑하던 東方의 별 마하트마 간디가 詛呪받은 총알에 죽은 오늘 원수를 무찌르던 당신이 어찌 찬란한 꽃다발을 생각이나 하였겠습니까.

祖國을 위하여 몸을 바치고 죽음 앞에 虛心한 당신의 가슴은 七十平生이 이렇게 지루하였습니다.

하늘은 어찌하여 원수의 총알이 아닌 같은 겨레가 쏘는 총알을 당신에게 마련하였습니까. 磐石 위에 놓인 나라가 아니고 兩斷된 國土 怨恨의 땅우에 당신의 주검을 부르신 것입니까.

당신은 이제 당신의 꾸밈없는 말씀이 사람의 가슴을 어떻게 흔드는 것을 모르십니다. 당신의 하신 일이 먼 훗날 어떻게 남을 것을 모르십니다.

다만 당신이 지니신 불타는 영혼과 티없는 마음만을 이 祖國의 하늘이 알아줄 것입니다.

겨레를 깨우치는 값있는 犧牲으로 한갓 肉身을 故土에 묻으시고 당신의 영혼은 왜 또 上海 重慶의 그 옛날로 다시 돌아가십니까.

아! 이제 여기 남을 것은 차운 산 한쪼각 돌에 새긴 '大韓民國 臨時政府主席 白凡 金九'가 아니라 三千萬 겨레의 가슴 깊이 대대로 이어갈 비바람에도 낡지 않을 마음의 碑銘입니다.

당신의 너무나 素朴한 純情을 우리가 압니다, 당신의 피어린 슬픔을 우리가 압니다, 보람을 우리가 압니다.

觀劇歲暮*

一九五一年이 저문다
歷史의 分水嶺이 또 하나 沈沒한다
後半期라는 꿈많은 勳章은
動亂韓國의 가슴 한복판에 달아 주라

사르트르의 〈붉은 장갑〉이 興行되는
어느 劇場의 창밖으로 때마침 붉은 불자동차가 달린다

불이 붙었다 불이 탄다
스스로의 불길에 灰燼하는 共産主義……

人間으로 還元한 '위고'――
위고는 어린 '말그리트'처럼 이미 죽음으로 救援받았는데

'루이'가 끝내 臨終하는 위고의 손가락 끝에 죽어야 한다는 것이 쑥스럽고나

가슴이 답답하다 바늘구멍이라도 뚫어 놔야 내 生命이 숨을 게 아니냐

氣管支에 쥐구멍이라도 뚫어야
腦溢血이 방지될 게 아니냐

―――――――――
*편집자 주 : 이 작품은 시인이 연극 〈붉은 장갑〉을 본 감상을 시화한 것이다.

演劇이 成長하기 위해서는 風土가 演劇을 背信한다
背信者 사르트르가 背信하는 演劇 앞에 哄笑한다
산 人間을 尊重하라 政治여 ── 에드테를
산 藝術을 尊重하라 政治여 ── ABC

푸롬프터 소리가 크게 들리어도 좋다
테이블 보자기가 늘 같은 것뿐이어도 좋다
혹은 앞에서 쏘는 총소리가 뒤에서 나도 좋다
또 혹은 力量의 差가 무대 위에 불을 이루지 못해도 좋을 수밖에 없다
觀客席에 感電하는 XYZ

사르트르여 實存은 絶望의 彼岸에 있다고…… 흥 絶望이 또 實存의 彼岸에 있다

一九五一年이 저문다
좋아 ──

歷史의 分水嶺이 또 하나 沈沒한다
좋아 ──

壬辰銘

戰爭이 아무리 사워나워도
江山의 모습을 아주 바꾸진 못하노라

새아침 옷깃을 바로잡고 바라보니
헐벗은 채 秀麗한 저 山容이여

이는 저 淸澄한 하늘이 있기 때문이어니
변하고 바뀌는 歷史 속에서
하나를 잃지 않는 마음이 있기 때문이어니

진실로 이 하늘 아래 살아 있으량이면
아프고 서러움도 또한 거룩한 즐거움이 되는고나

한 치의 國土를 지키기 위하여
한 사람의 목숨이 사라진다

한마디의 言約을 지키기 위해서
수많은 나라의 꽃다운 핏줄이 스며 나린다

그 피가 스며든 메마른 黃土
나의 祖國이여

그 흙에 뿌리박았으매
그 피를 마시리니 草木인들 어찌
이 患難의 歷史를 두고두고 얘기하지 않으리오

年輪은 오직 핏빛으로만 감기리라
이는 뜻없는 세월의 크나큰 맹세로다

아 내 어머니 나라를
버리고 살 수가 없으량이면

어찌 이 몸을 自棄하여
白日 아래 헛되이 스러지게 하리오

세상에 산 보람 더없이 크기에
너그럽고 따뜻한 襟度를 지니리라

薄酒 한 잔에 긴파람 하노니
나를 울리는 祖國이여 山河여 아 人情이여
―――― 1952. 1. 1

새 아침에

不義를 미워하는 노여움 때문에
한 살 더 먹는 나이가 오히려 젊어진다

때 묻은 戎衣로 설빔을 해도
그리운 것은 눈 덮인 北岳의 뫼뿌리

한 잔의 屠蘇를 사양함은 차라리
한 말의 도적 피가 마시고 싶기 때문

愛憐에 병든 魂을 채찍질하여 이제
주검으로 지킬 意志의 關門이여

나라를 사랑함이 무엇인 줄 내 모르나
옳고 그름을 헤아릴 줄은 아는 것

진실로 나의 良心을 위하여
웃으며 무찌를 수 있는 나의 身命아

괴로운 것은 죽음에까지 따라오는 虛榮이다
살아 떳떳이 이긴다 맹서하라

내 여윈 살 한 점을 저며서라도

안주 삼아 마시고 싶은 도적의 피

銘記하라 세월이여
눈물 많은 詩人이 이 아침에 총을 닦는다
─── 1951. 1. 1

마침내 여기 이르지 않곤 끝나지 않을 줄 이미 알았다*

아 그것은 洪水였다
골목마다 거리마다 터져 나오는 함성
"백성을 암흑 속으로 몰아넣은 이 불의한 권력을 타도하라"

홍수라도 그것은 탁류가 아니었다
백성의 양심과 순정의 밑바닥에서
솟아오른 푸른 샘물이었다.

아 그것은 波濤였다
동대문에서 종로로 세종로로 서대문으로 역류하는 이 격류는
실상은 민심의 바른 물길이었다
쓰레기를 구데기를 내어버린 자 그 죄악의 구덩이로 몰아붙이는
그것은 피눈물의 꽃파도였다
보았는가 너희는
남대문에서 대한문으로 세종로로 경무대로 넘쳐흐르는 그 파도를
이것은 의거
이것은 혁명
이것은 안으로 안으로만 닳았던 민족혼의 분노였다.

온 장안이 출렁이는 웃다가 외치다가 울다가 쓰러지다가
끝내 흩어지지 않은

---

*편집자 주 : 이 시는 시집 《餘韻》의 〈革命〉과 일부 유사함.

이 피로 물들인 외침이여

아 시민들이여 온 민족의 이름으로
일어선 자여

그것은 해일이었다.
바위를 물어뜯고 왈칵 넘치는
불퇴전의 의지였다 고귀한 핏값이었다
무너지는 아성
도망가는 역적
너희들을 백성의 이름으로 처단하지 않고는
두지 않으리라 의분이여 저주여
법은 살아왔다 백성의 손에서
정의가 이기는 것을 눈앞에 본 것은
우리 평생 처음이 아니냐 아아 눈물겨운 것

불의한 권력에 붙어
백성의 목을 조른 자들아
불의한 폭력에 추세하여
그 권위를 과장하던 자들아
너희 피 묻은 더러운 손을
이 거룩한 희생자에 대지 말라

누구를 위해 피 흘렸느냐
민족을 위해서
무엇을 위하여 죽어갔느냐
나라를 위해서
이 전열에 부상하여 신음하는 벗에게
너희 죄지은 자의 더러운 피를 수혈하지 말라
이대로 깨끗이 죽어 갈지언정
썩은 피를 그 몸에 받고 살아나진 않으리라

양심의 눈물만이
불순한 피를 정화할 수 있느니라
죄지은 자여
사흘밤 사흘낮을
통곡하지 않고는 말하지 말라

그것은 天理였다.
그저 터졌을 뿐
터지지 않을 수 없었을 뿐
애국이란 이름조차 차라리 붙이기 송구스러운
이 빛나는 파도여
해일이여

―――― 1960. 4. 26

늬들 마음을 우리가 안다*
──── 어느 스승의 뉘우침에서

그날 너희 오래 참고 참았던 義憤이 터져
怒濤와 같이 거리로 거리로 몰려가던 그 때
나는 그런 줄도 모르고 硏究室 창턱에 기대앉아
먼 산을 넋없이 바라보고 있었다.

午後 二時 거리에 나갔다가 비로소 나는
너희들 그 무엇으로도 막을 수 없는 물결이
議事堂 앞에 넘치고 있음을 알고
늬들 옆에서 우리는 너희의
불타는 눈망울을 보고 있었다.

오늘이라 왜 이다지 더욱 세찬고
이룩하기도 전에 흔들리는 社稷의
그 艱難한 운명 속에

아 十年이란 세월이
흘러간 오늘

---

*편집자 주 : 시집 《餘韻》에 제목과 부제가 이 시와 같은 작품이 있다. 그 내용 면에서도 1연과 2연은 거의 같은데, 《餘韻》에 실린 작품에서는 2연 끝부분에 다음의 두 행이 이어져 있다. "사실을 말하면 나는 그날 비로소 너희들이 / 갑자기 이뻐져서 죽겠던 것이다."

하늘이여 또 한번
열리라 비는 마음!

山川도 많이는 변했구나
鳳凰은 오지 않고
까마귀떼만 어지러이
우짖는다 해도

이 터전은 조상이 점지하신
못 잊을 고장
우리의 소망은
끊일 수 없다.

오늘도 國土의 둘레를
바닷물은 꿈결같이 찰싹이고
하늘은 예대로 翡翠빛 하늘
한떼의 丹頂鶴은 훨훨 날아 오르라.

이는 흰 옷 입은 겨레의
조촐한 마음의 象徵이어니
아 그런 날을 기다리며 산다.
나의 祖國아!

八·一五頌
―― 새 共和國에 부친다

八月은
解放의 달 自由의 달
원수의 壓制에서 사슬을 끊고
歡喜의 웃음보단 차라리
至純한 感淚에 젖었던
아 보름해 전 八·一五여

그날의 맹세를 잊었는가
잊지 않았거든 돌아가자
그날의 그 마음으로――

도적에게 짓밟힌 서른여섯 해
그 아픈 傷處가 아물기 전에
同族끼리 물고뜯은 열다섯 해
그 汚辱이 가시기 전에
아 어김없이 되돌아온 八·一五여

지난날의 罪責을 뉘우쳤는가
뉘우쳤거든 일어나거라
오늘의 이 마음으로――

八月은
熱望의 달 念願의 달
背信者의 獨裁에서
그 牙城을 무너뜨리고
回憶의 눈물보다 차라리
앞날의 꿈에 불타는
아 보름해 뒤 八·一五여

지쳐서 쓰러진 백성들이
불쌍하지 않은가
불쌍하거든 蘇生시키라
그날의 그 마음으로──

입술을 깨물며 허리띠를 졸라매고
몇 代를 살아왔노 원통한 백성들
백성의 마음은 하늘이니라
참다못해 터져오른 이 革命의 激流 속에
아 民主의 名節 八·一五여

백성의 本分을 깨달았는가
깨달았거든 지키자
오늘의 이 마음으로──

──── 1960. 8. 15. 《釜山日報》

民主主義는 살아 있다
―― 《京鄕》續刊의 소식을 듣고

罪人이라 할지라도 말하는 自由는 뺏지 못한다.
원수가 아무리 밉다 해도 그 입을 막을 수는 없다.

그것을 뺏는 것은 罪, 그것을 막는 것은 不義――
이는 말없는 하늘 뜻이어니 그 律法이 마침내 言論의 自由를
길이 保障함을 우리는 안다.

不當한 일이 바로잡혀지는 이 當然을
歡呼하는 것은 불쌍한 백성의 부끄럼일지라도
모든 것이 뒤죽박죽이 된 어즈러운 세월에
決然히 내려지는 이 正法의 快刀는 바로
不信의 世紀를 救援하는 종소리어라.
그 종소리 앞에 어진 백성은 흐느껴 운다.

막혔던 귀에 그 소리는 天地開闢의 우렁찬 첫 爆音,
막혔던 입에 터져나오는 음성은 눈부신 빛의 頌歌!

이럼으로써 백성은 나라를 근심하는 그 至誠에
굳은 맹세와 간절한 기도를 더 하리라.

아 法은 살아 있다. 法은 믿을 수 있다. 法이 法을 지키듯이

自由는 죽지 않는다. 自由는 죽일 수 없다. 自由만이 自由를 守護한다.

아 우리는 말할 수 있다. 民主主義는 살아 있다. 우리는 아직도 살 수 있다.

戒 銘
──── 1961年을 위하여

올해는

잊어버린 꿈을 모주리 되찾아야겠다.
눌리고 짓밟히는 정신을 가누려고
憤怒와 詛呪에 몸부림치던 靈魂을 가다듬어
內面으로 充實한 과일을 익혀야 하는────
올해는

豊盛한 꿈으로 情熱에 知性을 아울러야 한다.
反抗이란 아무리 義로운 것일지라도
그것만으로는 空疎한 意志
行動을 律하고 犧牲의 올바른 값을 위해선
안 된다는 외침 전에 '이렇게'라는 主張이 있어야 하는────
올해는

허리띠를 졸라맬 새로운 陣地를 쌓아야겠다.
싸움은 이겨야 하는 것 큰 한 目的을 이룩하자면
받을 수 없는 慾求를 節制하고
讓步할 수 있는 極限의 線을 먼저 그어야 한다.
知性의 自由, 精神의 自由, 文化의 自由 그것의 保障을 위해서────
올해는

우리 모두 가슴을 헤치고 일어서야 한다.
亡滅하는 祖國 앞에
팔장찌르고 바라보는 懶弱한 超然에서 脫出하여
뛰어들어라 誠實은 하늘도 움직인다.
다함께 歷史 앞에 責任지는 罪人이 되자. 證人이 되자.

올해는 ─

姜鏞訖 님을 맞으며
—— 卽席에서

우리 다함께 그리워하는 하늘이 있어
그 눈동자 하늘보다 맑고 푸르른 이 있어
반 남아 흰 머리털을 날리며
生에 불타는 情熱은 한갓 微笑를 지니고
그의 이제 故國의 쓸쓸한 黃土길에 돌아오시다.

오로지 바래고 꿈꾸고 노래하는 것
自由의 國土를 ○○ ○○*

오늘 여기 아무 權勢에 野慾 없는
선비들 손길을 만지며
그의 꿈이 잠시 꽃다웁기를 비노니

죄없는 사람 서리에는
어둔 밤에도 하늘은 밝고
주리면서도 착한 얘기의 꽃이 피리라.

—— 丙戌 九月 一日

---

*편집자 주 : 결락 부분은 원고지가 좀이 슬어 보이지 않게 된 것임.

虎 像 銘

民族의 힘으로 民族의 꿈을 가꾸어 온
民族의 보람찬 大學이 있어

너 항상 여기에 自由의 불을 밝히고
正義의 길을 달리고 眞理의 샘을 지키느니

地軸을 박차고 咆哮하거라
너 불타는 野望 젊은 意慾의 象徵아

宇宙를 향한 너의 부르짖음이
民族의 소리 되어 메아리치는 곳에

너의 氣槪 너의 志操 너의 叡智는
祖國의 永遠한 鼓動이 되리라

그것이 그대로 燦然한 빛이었다
——《高大新聞》紙齡 100호에 붙이는 詩

너는 어둠 속의 횃불이었다.
새로운 것은 아직 生誕하지 않았고
낡은 것이 오히려 새로움을 假裝하던 시절에
너는 새로움을 渴求하는 마음의 象徵
낡은 것을 懷疑하고 그 覆面을 벗긴 旗手!
'高大新聞'아 넉 字의 깃발이여
그것이 그대로 燦然한 빛이었다.
무너져 가는 思想——共産主義의 暴力 앞에
抗拒하고 일어선 先驅의 이름으로
너 오늘을 맞았구나.
너는 苦難 속에 굽히지 않는 意志였다.

낡은 것은 아직도 死滅하지 않고
올바른 것이 도리어 邪惡의 陋名을 쓰는 날에
너는 自由와 正義와 眞理의 永遠한 寶劍
不義를 剔抉하고 그 陰謀를 粉碎하는 知性의 尖兵!
'高大新聞'아 그 넉 字의 깃발이여
그것이 그대로 서슬푸른 칼날이었다.
낡아빠진 術數——直輸入한 袁世凱의 民意와
國寶海外搬出 때문에 받은 傷痕을 지니고
너 오늘을 맞았구나.

앉아서 보는 四月
────그 첫 記念日에

四月의 얘기를 다시 하지 말라
背信당한 革命의 아픈 傷痕에 손을 대지 말라.

革命을 非革命的 方法으로 完遂한다던 過渡政府에 맡긴 것이
잘못이었다.

不正蓄財者의 돈과 不義한 勢力의 殘滓 그 者들의 더러운 손을
이끌어
性急히 通過시킨 改憲을 믿은 것이 잘못이었다.
民主反逆徒輩處罰의 根據를 주지 않은 그 起草者는 누구였더냐.
알아봤더니라 이때에 벌써 革命은 背信당한 것을────

革命裁判의 檢察官이 證人에게 被告와 和解하고 被告는 證人에
게 旅費와 點心 대접이나 하랬다는 웃지 못할 얘기
法 앞에 萬民은 平等하다면서 一罰百戒主義는 矛盾이 아니냐.
송사리떼 몇 놈으로 革命精神이 膺懲되느냐 차라리 白罰一戒
를────
그 하나이 바로 革命精神이라

責任 안 지는 內閣責任制를, 병신 구실의 參議院을, 썩은 그대
로의 法을, 어제를 잊어버린 反自由立法을 위하여

四月의 피는 흘렀던가. 四月은 거짓이 아니다.

아 四月은 다시 돌아왔는데
우리는 어느 地點에서 이 四月을 맞아야 하나
우리의 발길은 어느 쪽으로 向을 해야 하나
三月을 받들어 五月의 斷崖를 넘어
저 또 하나의 解放 새로운 八月의 頂上은 눈앞에 있는데

四月의 얘기를 다시 하지 말라
마음속으로 깊이 悔悟에 울게 하라.
塗炭에 든 백성의 網膜에는 피었다 지는 꽃도 아랑곳없이
아 四月은 또다시 돌아왔는데 …… 四月의 創痍는 눈물에 젖는데 ……

하늘의 영원한 메아리여
──── 三·一節 頌

生命의 內部에서 밑바닥에서
불길처럼 솟아오른 喊聲이 있었다.
그것을 누가 목청만 울리고 나온
소리라 할 수 있는가.
피와 눈물로 터진 渴求와 念願
三·一節이여!

진실로 이것이 아니더면 歷史에
너 무슨 힘으로 世界萬邦에
獨立을 宣布하는 鐘을 울리고
어두운 겨레의 가슴마다에
꺼지지 않은 작은 등불을
켤 수가 있었을 것인가.
三·一節이여!

三千萬 겨레가 한덩어리 되어 울부짖은
"大韓獨立萬歲"
이 여섯 字 한마디 소망이
三千萬이라 一億 八千萬 字
한마음으로 要求한
그 소리 천지에 사무쳤기에

맨주먹으로 일어서도 무섭지 않던
三·一節이여!

네 불길 길이 사위지 않아
六十萬歲 學生萬歲로
反託運動으로
四月革命으로
때 곧 이르면 타올랐구나
타오르는구나
民族의 永遠한 핏줄이여
하늘의 永遠한 메아리여
三·一節이여!

―― 1962. 3. 1

安重根義士讚
—— 安重根義士 遺墨展에

쏜 것은 拳銃이었지만
그 拳銃의 방아쇠를 잡아당긴 것은
당신의 손가락이었지만

원수의 가슴을 꿰뚫은 것은
성낸 民族의 불길이었네
온 世界를 뒤흔든 그 총소리는
怒한 하늘의 벼락이었네

義를 위해서는
목숨도 차라리 鴻毛와 같이
가슴에 불을 품고 원수를 찾아
曠野를 헤매기 얼마이던고

그날 하르빈 驛頭의
秋霜 같은 소식
나뭇잎도 우수수
한때에 다 떨렸어라.

당신이 아니더면 民族의 意氣를
누가 天下에 드러냈을까

당신이 아니더면 하늘의 뜻을
누가 대신하여 갚아 줬을까

세월은 말이 없지만
忘却의 江물은 쉬지 않고
흘러서 가지만

그 뜻은 겨레의
핏줄 속에 살아 있네
그 외침은 강산의
바람 속에 남아 있네.

張志淵 先生
──── 墓碑 除幕日에

나라가 팔리고 빼앗겨도
백성은 까맣게 모르고 있던 세상에
알아도 말 못 하고 울기조차 못 하던 그날에
틀어막힌 눈과 귀와 입을 찢고
목을 놓아 운 선비가 있었다.

"是日也 放聲大哭"

그렇지 않을 수가 없지
안 울릴 수가 없었지
입으로 운 것이 아니라 붓으로
붓으로 울어야 온 겨레가 함께 울고
붓으로 울어야 길이길이 歷史를 울리지

한 자루 붓에
오 一片丹心!

쓰기는 당신이 썼어도
그 마음은 온 겨레 마음이었기에
쓰기는 먹으로 썼어도
그것은 온 겨레의 피눈물이었기에

한 자 쓰고 울고 또 한 자 쓰고 땅을 치고
끝내는 못다 마치고 취하여 까무러친
"是日也 放聲大哭"

그렇지 쓰는 것이 아니라 우는 것이지
우는 것이 아니라 외치는 것이지
그 글 쓰고 獄에 갇히고
그 신문도 없어졌지만
쓰지 않았더라면 땅에 떨어졌을 民族의 意氣를

痛哭 한마디로
오 一片丹心!

海蔘威로 晋州로 그 붓 하나 지니고
蘇州로 合浦로 그 마음 달래며
恨 많은 生涯 詩酒에 묻었네
나라 되찾고 碑石도 세워져
뜻있는 이 저마다
가슴 깊이 우러르는 오늘 소리 없이 되뇌어 보는

"是日也 放聲大哭"
志士悲秋의 하늘만 높다.

悲調斷章

우리들의 生活의 來日

1

來日은
끝없는 밑으로부터 上昇한다

來日은
힘찬 오늘이 끌어올린다

來日은
무너져내린 어제가 推進한다

세월의 바퀴를 타고
永遠히 치솟는 來日 來日
來日은
除幕을 기다리는
어제의 꿈

來日은
보고 싶은
오늘의 거울

來日은
오늘의 來日일 뿐

그 자신의 來日은
까맣게 모른다

來日에는
來日이 없다
다만 오늘이 되고
어제가 될 뿐

來日은
오늘을 完成하는 者
오늘을 追放하는 者
그리고 오늘을 變革하는 者

來日은
항상 새로운 오늘로 突現한다

　　　2
오늘이 슬플 때
어제는 아름답다

아름다운 어제의 앨범을 펴 놓고
우는 사람에게 來日은 더욱 슬프다

아름다운 來日을 맞으려거든
오늘에만 沒頭하라
어제는 이미 없고
來日은 오늘 속에 오는 것

來日을 참으로 알려거든
來日을 잊어버려라
내일 地球에 終末이 와도
오늘 꽃나무를 심는 그 마음으로

    3
來日을 모른다 하여
오늘에 執著하고
耽溺하는
사람들아!

來日은 두려운 것

너는 끝없는 來日을
蕩盡하진 못하리니 ——

———— 1968년《한국일보》新正特輯

農民頌

아득한 옛날이었다 그것은

長白의 푸른 뫼뿌리를 넘어
한떼의 흰옷 입은 무리가
처음으로 이 國土에 발을
드딘 것은——

千古의 密林을 헤치고
가시밭에 불을 놓아
땀 흘리어 일군 밭에
밀, 보리, 조, 기장을 심어 먹고

움집, 귀틀집에 오막살이 초가를 지어
이웃끼리 오손도손
의좋게 모여 살기 시작한
그것은 아득한 옛날이었다.

조상이 점지해 준 터전이라
그 마음 그 핏줄을 받아
대대로 이어 온 사람들이여!

푸른 잎새에 맺힌 한방울 이슬이나

나무뿌리가 뿜는 한줄기 물이
실개울이 되고 강물이 되어
구비치는 기슭마다 마음을 열고
그 강물을 젖줄삼아

퍼져난 핏줄기 三千萬
떨어질 수 없는 運命으로 얽힌
사람들이여

가난에 쪼들리고 권력에
억눌리어도
겨레의 손이 되고 발이 되어
허리띠를 졸라맨 채
끝내 맡은 바를 저버린 적 없이

믿는 것이라곤 오로지
마음 바르고 부지런하여 굶는 법 없으리라는
조상의 가르침 그것 하나뿐
그 마음 뼈에 새겨서 살아온
사람들이여!

오랑캐 도적떼 앞에서
나라를 지킨 사람들이여

겨레를 위하여 가장 많이
일하고도
가장 버림받고 시달린
사람들이여!

그 눈물겨운 봉사의 보람으로
마침내 찾고만 주인의 자리
하기 싫은 일에 屈從함은
奴隷라 할지라도

알고도 스스로 忍從함은
거룩한 奉仕라
이 善意의 사람들에게
어찌 끝없는 어둠만이 있을
것이랴.

새벽 닭 울 때 들에 나가 일하고
달 비친 개울에 호미 씻고
돌아와
마당가 멍석자리
삽살개와 함께 저녁을 나눠도
웃으며 일하는 마음에 복은
있어라.

구름 속에 들어가
아내와 함께 밭을 매고
비 온 뒤 앞개울 고기는
아이 데리고 낚는 맛
태고적 이 살림을 웃지를 마소
큰일 한다고 고장 버리고
떠나간 사람
잘되어 오는 이 하나 못 봤네.

오월 수릿날이나 시월 상달은
조상적부터 하늘에 제 지내던
명절 팔월 한가위에 농사일 길쌈
겨루기도 예로부터
있었던 것을……
내 손으로 거둔 곡식
자랑도 하고
이웃끼리 모여서 취하는 맛이여

바라는 것은 해마다 해마다
시절이나
틀림없으라고
그보다 더 바라는 것은
마음놓고 살 수 있도록

나랏일이나 좀 잘 해 주기를

이 밖에 다른 소원
아무것도 없어라.
마음 가난한 사람이여
마음은 가난해도
살림은 푸지거라.
움추리지 말고 떳떳하거라
일어나 외치거라.

가까운 앞날이어야 한다.
沃土 三千里를
하늘만 쳐다보고 살지 말고
우리네 농사가 우리 꿈대로
퍼져 나가는 그날은 ──

조상이 끼친 업을 길이 지키는
사람들이여!
정성과 노력이 있을 뿐 분수를
넘치지 않는 사람들이여!
몹쓸 세상에 하늘이 보낸
착한 사람들이여
농민들이여!

果 物 抄

1. 葡 萄

포도는 차라리 眞珠알
포도는 차라리 眞珠알
포도는 두메산골의 淳朴한 꿈을 잊었고
포도는 바다의 슬픈 傳說을 모른다
왼종일 고 맑은 눈동자를 굴리고 굴려
가없는 쪽빛 하늘만 바라본다.

2. 蜜 柑

누르러 정녕코 누르건만
너는 黃金과 같은 俗된 맛이 없어
언제나 마르지 않는 高尙한 香氣를 풍긴다
버들가지 늘어진 숲속에만 가면
너는 꾀꼬리같이 소리쳐 울 듯도 싶다
어린 날 만지던 엄마의 乳房과 같은 부드럼이 있어
너는 鄕愁와 追憶을 내 味覺 속에 가져온다.

3. 林 檎

어떤 열일곱 처녀의 情熱의 化身이기에 너는 두 볼이 그리도 빨갛냐

서쪽 하늘에 빛나는 노을의 旗폭보담 행결 고와 너는 내 荒凉한 書齋에 한갓 光彩를 더한다.

　4. 櫻 桃

　파아랗고 볼상없던 앵두가
　붉고 곱고 귀엽게 살이 진 것이
　무엇이 알지 못할 일이오리까
　코 흘리며 같이 소꿉질하던 옥이가
　벌써 시집을 갔다는데……

　5. 감

　떨어진 감꽃 줏어 실에 꾀어서
　네 목에다 가만히 걸어 두면은
　옥이 그때 너는 어느 나라의 王女와도 같이
　곱고도 노오블하더니 감꽃이 떨어졌길래 열매가 맺혔고
　너와 나의 구슬 같은 사랑도 싹트지 않았니?

―― 中專時節

섬나라 印象

섬

보고 돌아온
섬의 印象은

세 가지 빛깔의
쬐그만 파라솔.

玄海灘

無限한 楕圓形으로 퍼져 가는 이 海面을 肉重한 汽船은 조용히 옮겨 간다. 甲板 우에는 달빛이 쏟아지고 나의 熱오른 뺨을 말없는 슬픔이 치댄다. 赤道 가까운 航路에로 나의 故鄕이 멀어진다. 마스트 끝에 퍼덕이는 깃발.

下關

港口의 냄새는 소금에 절은 갯비린내, 이 埠頭에는 絢爛한 五色 테이프가 없다. 낡은 트렁크를 들고 二等船室을 나서면 熱帶植物이 戶外에서 悠然하다. 나의 血管에도 暖流가 스며든다.

東海道線 沿邊

바다 가까운 마슬에는 하늘이 더 푸르고 잎새 떨어진 감나무 붉은 열매와 노란 귤이 爛漫하다.

대나무 숲 사이로 보이는 것, 새빨간 동백꽃, 그 花瓣 너머에서 바다가 부서진다. 들길에는 하이얀 갈대꽃이 우거졌다.

瀨戶 內海

車窓에 나부끼는 배꽃 잎새
그건 떼지어 날으는 갈매기 날개

여기 汽車는 바로
中世紀 古風의 요트 같구나

나무와 나무 사이로 바다가 보인다
집과 집 사이로 바다가 보인다
구름과 구름 사이로 바다가 떠오른다
바다와 바다 사이로 구름이 떠오른다.

嚴 島

바다 속에는 작은 섬이 있고
섬 가운데 작은 시내가 있다

창문을 열어 놓고
휘파람이라도 불어 볼꺼나
밀물이 오면.

嵐 山

'아라시야마'의 단풍은
따끈한 正宗 냄새가 난다.

京 都

은행잎새 너머로
뜨는 달을 따라가면

외로운 게다 하나
골목 밖으로

샤미셍 소리처럼
흘러 갔었다.

交響詩
悲調斷章

第1樂章　舞宴

雁鴨池 푸른 물에 별빛 흐르는 밤
臨海殿 높은 다락 날르는 추녀 끝에
오색 꽃燈이 피어오른다 풍경이 운다.

"거문고 가얏고랑 비파 소리에 애처러운 三竹이 어울려 넘어가면
　六十間 마루 우에 휘도는 紫大袖 고운 깁소매.

　鸚鵡盃 술잔마다 피눈물을 담아 들고
　美姬는 춤추노니 無心한 나비춤을 ……"

"紫檀沈香의 그윽한 무늬 속에
龍袍 자락으로 醉한 눈을 가리우고
힘없는 손을 들어 임금 손수 따르는 술
千年社稷과 어린 百姓들도 이 술 함께 드리노나."

二月 이 봄밤 꽃도 안 핀 半月城에
울어라 울어라 새여 네 설움에 울어라 새여.

第 2 樂章   告 別

太子   "어인 울음소리 저 어인 울음소리
　　　 서라벌 즈믄해의 늙은 용이 우는 소리.
　　　 저 노래 저 춤이 다 모두 울음소리
　　　 옳거니 낚이거니 울기도 하올 것이"

　　　 月精橋 돌다리를 넋없이 밟고 오는
　　　 이 나라 太子의 외론 그림자.

　　　 이끼 낀 바위 우에 두눈을 감으면
　　　 활 잘 쏘던 風月님네 말달리는 花郞들이
　　　 臨海殿을 향하여 아우성치며 몰려 오느니……

太子   "목마른 백성에게 칼 대신 물을 주어
　　　 千年 이 文物을 송두리째 앗을 것을.

　　　 값 헐한 비단옷 독한 사랑에
　　　 어찌사 참을 것이냐 뼈에 사모치는 이 屈辱을……"

　　　 太子는 놀란듯 일어나 허리에 찬 긴 칼을 빼어 들었다.
　　　 어둠을 쪼개고 그어지는 한줄기 푸른 서슬에

눈을 뜨면 여기는 외로운 숲속
말굽 소리 칼 소리도 하나 없었다.

十八萬戶 너른 長安 구석구석이
高麗땅 노랫소리가 들릴 뿐이라.

太子는 울었다. 아름드리 古木을 끌어안고 울었다.
긴 칼을 풀밭에 던져 둔 채로……

가누지 못하는 여원 몸을 石塔에 기대느니
솟아나는 두 줄기 눈물을 밟고
뚜렷이 떠오르는 白花의 얼굴.

白花의 亡靈 "신라의 병든 혼 구할 이는 東宮마마 오즉 그대 한 분뿐
옥으로 부서지와 큰뜻을 밝히소서.
사랑을 위하얀 목숨도 바치오니
외로운 넋이 九天에 울고 헤매게 마옵소서."

樂浪이 시새우던 마음 고운 서라벌 딸 白花아씨는
싸홈싸울 太子께 잊히량으로
칼을 물고 저승으로 먼저 갔니라.

太子 　"어저 내 일이여 이 일을 어이 하리
　　　이 겨레 이 하늘 버리고 내 어이 흘러가리
　　　보뱃자리 버린단들 내 무슨 한되리만
　　　천지에 가이없는 임자 없는 이 백성을"

　　　자욱마다 자욱마다 걸음 아끼며
　　　鷄林 옛 숲을 울고 가는 太子의 설운 그림자.

太子 　"묻히리 묻히리랏다 靑山에 묻히리랏다
　　　베옷 입고 바위 구렁에 내 홀로 묻히리랏다.

　　　벗으리 벗으리랏다 이 괴롬 내 모두 벗으리랏다
　　　뫼이여 하늘이여 내 설음 네 아는다.

　　　구름에 싸여 구름에 싸여 靑山에 묻히리랏다
　　　머뤼랑 다래랑 먹고 내 홀로 살어리랏다."

　　　第3樂章　哀 慕

公主 　"내 왜 온고 내 왜 온고 서라벌을 내 왜 온고
　　　사랑곧 잃으면 울고 갈 길인 것을……"

　　　寢室을 빠져나온 樂浪公主는

돌난간에 기대어 하늘을 본다.

죽은듯 고요한 이 봄밤을
청댓닢 그늘에 달이 지느니

지새는 달빛에 귀밑구슬이 아롱지고
선 두른 흰 옷자락이 바람에 날린다.

公主 "서라벌 우러름은 님으로 해 우러른 것
　　　 님 여흰 이 서블을 무삼일 내 있으리."

애련한 목청이 太子를 부르건만
말없는 밤하늘엔 뻐꾸기가 울어 피를 뱉고 울어……

公主 "가오리다 가오리다 영영 잊고 가오리다
　　　 이몸 바리고 가신 님을 나도 영영 잊으리다."

돌난간에 쓰러진 채 두볼을 부비는 公主 가까이
아련히 살아 오는 太子의 뜨거운 손길.

太子의 幻影 "高麗의 누이여 가여운 미끼야 너의 故國으로 돌아가거라.
　　　 그리고 우리 다시 일곱 번 사람으로 태어날지라도
　　　 두 번을랑 되지 말자 興國의 公主와 亡國의 太子."

西天에 우러러 달은 지고 긴 초마 함초롬 이슬에 젖는데
당홍 염통에 장미꽃이야 깨물어 피 터진 眞珠 입설.

公主 "잊으리 잊으리잇고 나는 어이 잊으리잇고
어진 양자 비단 마음 나는 다 잊으리잇고
님께서 날 잊으시면 이몸도 잊을 것이
님도 날 못 잊으심을 내 어이 잊으리잇고."

　　　終曲　故 墟
　　　──麻衣太子의 魂과 더불어

合唱 "보리 이랑 우거진 골 구으는 조각돌에
서라벌 즈믄해 水晶 하늘이 어리었다.
무너진 石塔 우에 흰구름이 걸리었다.
새 소리 바람 소리도 찬 돌에 감기었다.
잔 띄우던 구비물에 떨어지는 복사꽃닢
玉笛소리 끊인 곳에 흐느끼는 저 풀피리"

太子 "비오나 눈이 오나 瞻星臺 우에 서서
하늘을 우러르는 나의 넋이라."

合唱 "사람 가고 臺는 비어 봄풀만 푸르른데
풀밭 속 주추조차 비바람에 스러졌다.

돌도 가는구나 구름과 같으온가
사람도 가는구나 풀잎과 같으온가.

저녁놀 곱게 타는 이 들녘에
끊겼다 이어지는 여울물 소리.

무성한 찔레숲에 피를 흘리며
울어라 울어라 새여 내 설움에 울어라 새여."

履歷書

本 籍

차운 샘물에 잠겨 있는 은가락지를 건져 내시는 어머니의 胎夢에 안겨 이 세상에 왔습니다. 萬歲를 부르고 쫓겨나신 아버지의 뜨거운 핏줄을 타고 이 겨레에 태어났습니다. 서늘한 叡智의 故鄕을 그리워하다가도 불현듯 激하기 쉬운 이 感情은 내가 타고난 어쩔 수 없는 슬픈 宿命이올시다.

現住所

서울 特別市 城北洞에 살고 있습니다. 옛날에는 城 밖이요 지금은 市內── 이른바 '문안 문밖'이 나의 집이올시다. 부르조아가 될 수 없던 시골 사람도 가난하나마 이제는 한 사람 市民이올시다. 아무것이나 담을 수 있는 뷘 항아리, 아! 이것도 저것도 될 수 없는 몸짓 이 나의 天性은 저자 가까운 산골에 半生을 살아온 보람이올시다.

姓 名

이름은 趙芝薰이올시다. 외로운 사람이올시다. 그러나 늘 항상 웃으며 사는 사람이올시다. 니힐의 深林 속에 숨어 있는 한오리 誠實의 풀잎이라 생각하십시오 孤獨한 香氣올시다. 지극한 정성을 汚辱의 功과 바꾸지 않으려는 가난한 마음을 가진 탓이올시다.

年齡

나이는 서른 다섯이올시다. 人生은 七十이라니 이쯤되면 半生은 착실히 살았나 봅니다. 틀림없는 後半期 人生의 한 사람이지요. 허지만 아직은 白晝 대낮이올시다. 人生의 黃昏을 조용히 바라볼 마음의 餘裕도 지니고 있습니다. 소리 한가락 춤 한마당을 제대로 못 넘겨도 人生의 멋은 제법 아노라 하옵니다.

經歷

半生 經歷이 흐르는 물 차운 산이올시다. 읊은 노래가 한결같이 서러운 가락이올시다. 술 마시고 詩를 지어 詩를 팔아 술을 마셔―― 이 어처구니 없는 循環 經濟에 十年이 하로 같은 삶이올시다. 그리움 하나만으로 살아가옵니다. 오기 전 기다리고 온 뒤에도 기다릴―― 渺漠한 宇宙에 울려 가는 종소리를 들으며 살아왔습니다.

職業

職業은 없습니다. 詩 못 쓰는 詩人이올시다. 가르칠 게 없는 訓長이올시다. 혼자서 歎息하는 革命家올시다. 꿈의 날개를 펴고 九萬里 長天을 날아오르는 꿈, 六尺의 瘦身長軀로 나는 한마리 鶴이올시다. 실상은 하늘에 오르기를 바라지도 않는 괴롬을 쪼아먹는 한마리 닭이올시다.

財産

마음이 가난한 게 唯一의 財産이올시다. 어떠한 苦難에도 부질없이 生命을 抛棄하지 않을 信念이 있습니다. 조금만 건드려도 넘어질 사람이지만 暴力 앞에 침을 뱉을 힘을 가진 弱者올시다. 敗者의 榮光을 아는 주검을 공부하는 마음이올시다. 地獄의 平和를 믿는 사람이올시다. 贖罪의 賂物 때문에 人跡이 드문 쓸쓸한 地獄을 능히 견디어 낼 마음이올시다.

거짓말은 할 수 없는 사람이올시다. 참말은 안 쓰는 편이 더 眞實합니다. 당신의 생각대로 하옵소서 —— 孔子 一生 就職難이라더니 履歷書는 너무 많이 쓸 것이 아닌가 하옵니다.

計算表

六十七分의 勞動代價一金五錢也. 막걸리 一盃一金五錢也. 막걸리 一盃快飲 所要時間二十三秒. 六十七分과二十三秒의나의定價는五錢. 五錢에괴롭고五錢에즐거우니 六十七分에괴롭고二十三秒에즐거움다. 이술이들어가면二十四時間後에 五臟六腑에서刺戟을攝取하고꿈을먹고남은뒤 모든것에 濾過當하여排出되리니 아——六十七分의 剩餘價値. 아니二十三秒즐거움의代償

鬼哭誌

　애비 없는 아들보담도 애비의 자식됨이 더욱 서럽다. 하래비의 아들보담 遺産은 작아 슬픈 族譜를 뒤져보는 마음이여! 지나간 時節에는 그래도 名門의 後裔 신수좋은 얼골에 수염을 쓰다듬으면 大廳 사랑방 놋재떠리 소리가 요란했다. 소슬대문 개와집이 오막사리로 찌그러지던 날 뒷山밑 어물어진 사당에선 눈가이 진무른 神主 우는 소리가 났단다. 아들이 나면 하얀 백설기에 미역국 끓이고 삼신할머니 앞에 福을 빌었다건만 염소수염을 쓰다듬고 노루기침을 하면 양반된 悲劇에 하얀 발바당이 서러웠다.

雨 淋 鈴

푸른 구슬을 머금고 나날이 산다

잎새 잎새는 마음의 噴水
甘露水 알알을 투기어 다오

파르롭은 가슴에 이는 흰구름
구슬이 흰구름을 消化하는 風景이여!

잎잎마다 彩華로운 꽃은 피고
묵은 코에 흐뭇이 풍기는 향내로다

여기는 麝香내 스미는 芳草ㅅ 길
빛과 소리가 방울져 나리는 곳

맑은 바람 시여 花瓣이 날고
肝잎에 구으는 音響이로다

熱오른 두볼을 만져 만져도
야윈 가슴이랴 사람 기릅지도 않고……

머언 하늘가 竹葉窓을 열어
아 —— 雨淋鈴 한가락이야 가슴에 차라

푸른 구슬을 머금고 나날이 산다
피리에 자란 몸이 되어

가볍게 하늘 우에 날 것같이 가벼웁게
至大한 空間에 서서
다만 幸福도 눈앞에서 어둡네라

내 魑魅한 혓바닥을
그대 바늘을 들고 조용히 노리는데

여기 왼통 꿈 항아리다
멀리서도 恍惚히 만져지는 金고리가 고와서.

鄕 語

麝香 울타릿길 너머로 흐르는 건 하얀 달이요. 조상이 가리켜 준 다못 奢侈가 처녀를 부르는 휘파람이었소. 창 밖에는 보얀 눈이 폭폭 나려쌓이는 밤 화롯불 우에 도토리묵이 보글보글 끓어오르고 메케한 몬지 냄새에 막걸리를 마시면 마을사람은 모두 옛날옛날 잘 살던 얘기로 주름잡힌 눈알에 이슬을 맺히고 고개를 들어 멍하니 葉草를 태우는 것이었소. 傳說 같은 山村마실에 貨物車가 돌던 날 順伊는 靑樓로 팔려 가고 지게품팔이 수돌이네가 이웃고을에서 죽었다는 소문이 돌았는데 새파란 젊은 面書記는 늙은이 때리길 좋아했고 조상의 무덤을 바라며 울던 것은 金參奉만이 아니었다고 하오. 조상의 남긴 遺産은 빚으로 갚고 애놈은 자라면 麝香 울타릿길 호이호이 처녀 부르는 마을. 順伊 같은 처녀를 사랑한 머슴애는 논밭을 곧잘 팔아 靑樓로 가는 것이었소. 버들피리 소리만 들리면 마을 색시가 봇짐을 잘 싼다는 마실. 볼기 잘 치던 양반 양반들만 산다는 마실 양반은 상놈에게 사돈을 하고 밥을 얻어먹는다는 마실. 양반 사돈을 하고 族譜를 꾸미면 곧잘 슬픈 눈물만 남기는 兩班뼉다귀 六曹判書 參判 大司憲 大司諫이 수두룩이 조상이 된다는 마실. 參奉 벼슬이 하나 하래비가 되는 데는 술 한 동이 닭 한 마리를 주면 뗏물이 흐르는 묵은 양반은 낡은 草筆을 들고 곧잘 양반을 맨들어 주는 것이었소. 새 양반 永世不忘碑가 洞里 어귀마다 들어서면 鄕校에는 享祀를 추는데 官奴의 아들 새 양반이 祭官이 되는 것이었소. 애비 하래비의 볼기를 치던 양반은 滿洲로 移民을 가고 새 양반은 양반 되는 것이 기뻐서 거츤 구레나룻을 만지

는 것이었소. 麝香 울타릿길엔 밤마다 처녀 부르는 휘파람이 날려오고 보리밭골 옥수수밭 달이 휘영청 밝은 밤엔 처녀를 부르는 머슴애는 밀양(密陽)아리랑을 잘도 부르는 것이었소. 밤에 갔다온 애비가 잠들고 술동이 여나르던 애미가 잠들면 처녀는 뒷문을 열고 나서서 옥수수밭을 쳐다보는 것이었소. 양반은 상놈이 되고 상놈은 양반이 되고 언제나 양반 상놈이 있다는 마슬 아아 이 太古쩍 傳說 같은 마슬. 이 마슬에는 처녀와 총각은 정다웠다는데 四時 골고로 처녀 총각이 없지 않다는 마슬. 마슬 같은 얘기는 도토리묵 냄새가 나는 것이오.

診斷書

眩暈

꽃이여 피도다. 하로에도 百合花.

早春이다. 뒷마루에 七寶太陽이요 고양이가 방울꽃을 먹고 受精을 한다.

早春이다. 뜰앞에서 무지개를 타고 鳳凰孔雀 꿈을 꾸고 암탉이 受精을 한다.

早春이다. 들녘에는 풀도 많던데 羊食此草一日百合 염소가 受精을 한다.

잎은 푸르다. 살살이 퍼져오른 生殖細胞로 호들기 잘 부던 복이놈 물방앗집 처자가 능수버들 많다는 天安三巨里로 도망을 갔는데 두 갓모루 바윗골에 鴛鴦새 춤을 춘다.

白鳩야! 구구 울어라 眩眩暈暈. 어지럽다 어지럽은 年齡이 돌아가도다 神經衰弱也.

蝎

1

금니빠리갈보 클레오파트라의 白骨의 靈魂 支配人 영감의 鰐魚皮 지갑 오——— 南京 虫이여 豊滿한 毒素로다. 十四貫 내 皮膚에 대보름달 中弦月 달을 뜨이게 하자.

2

이 族屬의 불러오르는 배는 매담 피. 삐. 씨. 띠. 實로 무수한 有閑마댐 福스런 乳房을 裝飾할 金庫랍니다.

3

생김새는 月琴——— 아 향기는 바로 여우 냄새다. 손구락으로 문질러 벽에다 處刑하면 血竹을 그린다.

密 林

1

　참나무 떠깔나무 잣솔나무 다옥히 우거지고 떨어진 잎새 폭폭 발목에 묻히도록 구수한 냄새. 눈 들어도 해 보이지 않고 꾀꼬리 뻐꾸기 콩새 죄꼬만 오맛 산새 우는 사이 푸른 하늘이 구슬알처럼 구르고 가만히 듣기에도 절로 서러워지는 아리랑調 휘돌아가는 산골에 흰구름이 바람 따라 연신 소나무 가지로 떨어진다.

2

　나무와 나무가지로 머루 다래 넝쿨 얽히고 칡덤불 탱탱이 기어나갔는데 진달래 봉오리 반만 열렸고 푸른 남쪽 하늘 못 본 진달래 연분홍이 사뭇 새하야이. 썩은 나무 등걸 밑 다람쥐 달아나고 나는 松茸를 하나 따 들었다.

3

　도라지 삽주꽃 핀 양지쪽을 돌면 落落長松이 있고 어둡기사 해도 어둠이야 온통 푸른 하늘빛 어둠. 산골 물소리 새뜻하기 이빨로부터 온몸이 스리다. 마른 목 추기고 겸해 발도 씻고 다시 일어서면 푸른 어둠 속에 내가 난 줄도 몰라 새우는 소리 잎이 피는 소리 푸른 나무가 흔들리는 소리. 絶頂에 올라서면 東海바다가 쇄──하고 부서진다.

4

　새, 꽃, 풀, 나무가 七月달 별처럼 어울렸는데 내가 알던 새 이름 풀 이름이야 열 손도 못 다 꼽고 없어진다. 香氣는 麝香내 못지 않으리. 지팽이 멈추고 네 활개 버리면 진정 나도 한그루 나무로 잎새 우거질듯 싶은지고.

(日月山)

編 磬

　푸른 구슬을 굴리는 듯한 소리. 버들 그늘에 꾀꼬리 우는 소리 눈빛같이 하이얀 살결에 비둘기 屬性을 지니고 소리가 하이얀 바탕에서 五色이 영롱하이.

　쉰 길 물 속에서 고기와 더불어 숨쉬고 바람결 따라 眞珠웃음 먹고 자라 물오리 蓮꽃 봉오리 魂을 푸른 하늘 함께 목청에 감은듯하이.

하늘을 지키는 젊은이들

너의 勳功으로

보라매여! 네 이름은 海東靑 너의 祖國은 韓半島다. 五・六月 젖빛 구름 속에 날개를 솟구치다가 七・八月 드높은 하늘 셀룰로이드같이 매끄러운 蒼空에 회리바람을 일으키며 너는 미끄러진다.

보라매여! 너는 길들인 사냥매 너의 基地는 손바닥이다. 그리고 또 어깨다. 아무리 날랜 새라도 너 앞에는 느림보 덮쳐서 움켜쥐고 돌아오는 네 깃털 위에 이는 바람이 향그럽다.

보라매여! 너는 韓國의 空軍 너의 고향은 하늘이다. 네 날개는 祖國愛 너의 動力은 民族의 피다. 날개 부서지고 염통마저 터지면 너는 滿春의 꽃잎처럼 碧空에 휘날린다.

보라매여! 너는 大空의 城壁 너의 싸움터는 하늘이다. 꽃다운 魂이여 鋼毅의 肉身이여 오늘 가볍게 날아라 아름답게 휘돌아라 눈 부릅뜨고 지켜라 진실로 虛心히 너의 勳功으로 白白이 빛난다.

"FOLLOW ME"
──── ○○ 飛行場에서

이른봄 남쪽 어느 飛行場에는
아득히 물러선 連峰 우에 보랏빛 구름이 어리고
보이지 않는 하늘에서
종달새도 여기 와 운다.

"FOLLOW ME" 푸른 大氣 속에
나즉이 속삭이는 종달새는
아직도 하늘에 살고 있는
어린 時節의 나의 꿈

오늘 하늘을 날으는 機上에 앉아
내 다시 마음의 날개를 펴노니
손수건이라도 흔들고 싶다
하늘을 날면서 문득 사랑을 생각함은

소망이란 이루어지면 가없이 허전하기 때문
永遠의 訣別이란 얼마나 아름다울까
"FOLLOW ME" 종달새는
저편 언덕에 내려앉는다.

하늘을 지키는 젊은이들

하늘은 우리의 고향
그리고 또 하늘은 우리의 서울
떠나서 그리움에 우리 항시 고개 들어 하늘을 바라본다.
검은 흙 위에 발을 디뎠기에
우리 가고 싶은 마음의 殿堂을 하늘에 둔다.
푸르고 밝은 하늘에 검은 구름이 끼어도
구름을 걷는 것만이 우리의 뜻이 아니라
예대로 푸른 하늘을 보는 것이 우리의 소망
肉身만으로는 욕된 세상을 어쩔 수가 없어서
새삼스리 마련한 은빛 영혼의 날개
그대 떠나서 다시 돌아오지 않아도
서러울 리 없는 고향의 하늘에.
인정과 의리를 저버리면
삶과 죽음은 한갓 욕될 뿐
제 마음대로 어쩔 수 없는 삶과 죽음을
제 마음대로 바쳐서 가는 길에 하늘이 열린다.
열리는 하늘은 그대로 우리 영혼의 서울
아아 푸른 하늘빛 옷을 입은 병정들아
맑은 하늘의 뜻을 받듦이 正義라고 믿어라
하늘을 지키는 것이 사람길을 밝힌다고 믿어라.

Z 幻想

알파베트는 끝이 났다
다시 A로 돌아갈꺼나
프로펠러가 없는 Z機,

그 서러운 絶頂에서는
殺戮이 꽃을 피운다.

絶頂을 넘어서면
썩은 피 咆哮하는 바다가 있을 뿐

삶을 위하여 죽음은 차라리
알파요 오메가다.
프로펠러도 없는 一九五二年

聖殿에서 들리는 祈禱의 合唱
날나리 부는 共産主義의 殘骸

그 속으로 휴머니즘의 示威行列이 간다.
口號도 없는 플래카드
五百分之一秒 속에도 現在는 없다
프로펠러가 없는 實存의 機體

絶望만이 推進하는
아——— 너는 Z의 世紀
救援의 소리는 아직도 들리지 않는다
理想은 항시 超音速
意味 없는 낡은 기빨을 찢어라.

———— 1952. 3. 《蒼空》

告 別
―― 戰歿者가 부르는 노래

한 치의 國土를 지키기 위해서
한 사람의 목숨이 사라진다.

그 피가 스며드는 메마른 黃土,
아 우리의 祖國이여!

그 흙에 뿌리박았으매
그 피를 마시리니

草木인들 어찌 이 患難의 歷史를
두고두고 얘기하지 않으리오.

年輪은 오직 피빛으로만 감기리라
이는 덧없는 세월의 크나큰 맹세로다.

아아 내 어머니 나라를 버리고
어디에 우리 영혼이 쉴 곳이 있으랴

사랑하는 祖國의 山河여
우리는 젊은 영혼을 온전히 불태웠다.
그대를 위해서 그대의 품에

永遠히 잠들기 위해서……

墓木도 碑石도
차라리 세우지 말라, 우리 무덤엔
철따라 들꽃이 피고
이름 없는 새들이 우즈지리니

흙으로 돌아간 우리 뼈는
그대로 祖國의 거름이 되리라.

榮光 있거라 祖國이여
아 내 어머니 나라여
아내와 아들딸의 나라여
벗과 스승의 나라여!

───── 1957. 6. 25. 《코메트》 27호

어린이에게

어린이에게

너희들도 보았을 것이다.
오랜 가뭄 끝에 줄기차게 내리는 비를
쓰레기도 구더기도 걸레쪽도 쇠똥조박도
더러운 것이라 모두다 떠내려가는 그 검은 흙탕물을
그게 바루 혁명이란 게다.
혁명은 홍수 혁명은 씻어 버리는 것
어린이들아 즐겁지 않으냐
말라서 터진 이랑마다 흠뻑 스미고
남아서 철철 논고마다 넘치는 물
잎새는 더 푸르고 꽃은 더욱 붉고
싱싱히 너울대는 그늘에
너도 매미처럼 노래하며 자라거라.
너희들은 보았느냐
지루한 장마 끝에 퍼지는 눈부신 햇살을
곰팡이도 벼룩도 부스럼도 진디도
모두다 버리는
그 무지개빛 태양을
그게 바루 혁명이란 거다.
혁명은 광명 혁명은 꿈꾸는 것
어린이들아 즐겁지 않으냐
축축하고 썩은 구석마다 골고루 스미고
남아서 철철 잎새마다 넘치는 빛

노을은 더 붉고 별빛은 더 푸르고
반딧불 날아오르는 툇마루에
너도 강아지처럼 즐거운 꿈 꾸며 잠들거라.

원 두 막

짜랑짜랑 쪼이는 햇볕 아래
참외랑 수박 익는 냄새가 난다.

밭 가운데 덩그런 원두막 하나
언제나 서늘한 바람이 좋다.

먼 하늘에 떠가는 구름을 보면
애국가 한 곡조가 절로 나온다.

방아 찧는 날

쿵더쿵 쿵더쿵
엄마와 누나가 방아를 찧는다.

밥솥에 불을 지펴 두고 아줌마는
샘터로 종종종 물길러 갔다.

부엌에선 보글보글
된장 끓는 소리

침이 꼴칵 넘어간다.
해는 왜 아직도 안 지누

엄마랑 누나랑 함께 먹어야지
에잇 좀더 참아 보자.

장 날

오늘은 장날
장날은 한 달에 여섯 번 온다.

오십 리 육십 리 밖에서 이른 아침을 먹고
사람들은 모여 와 서로 팔고 사고 바꾸고
그리고 술마시고 노래도 한다.

나는 공책과 조끼를 사려 장에 왔다.

떡가게에 들어가 떡 하나 사 먹고
국밥 가게에는 새빨간 기름이 뜨는 쇠뼉다귀 국물에 국말이 국밥

서울서 온 책장수와 약장수는 깡깽이를 타며 사람을 부른다.
한다던 요술은 끝내 하지 않고
그만 해가 졌다.

漢詩譯

悠然見南山

사람 사는 마을에 집을 지어도
수레소리 말굽소리 없어서 좋이

그대에게 묻노니 어째 그럴까
마음이 멀어지니 땅도 절로 깊어진듯

東쪽 울타리에 菊花를 꺾어 들고
고개 들어 悠然히 저 南山을 보노메라.

산에는 맑은 기운 黃昏이 더욱 좋아
날새도 떼를 지어 깃을 찾아 돌아간다.

이 가운데 숨은 참뜻 내가 아노니
말하려다 에라 그만 말을 잊고 마노메라.

    結廬在人境 而無車馬喧
    問君何能爾 心遠地自偏
    採菊東籬下 悠然見南山
    山氣日夕佳 飛鳥相與還
    此中有眞意 欲辨已忘言
         ——— 陶 潛

子夜歌 六首 (六朝詩 晋)

향기는 마음속에서
우러나는 거라는데

제 얼굴이 어찌 감히
임의 눈에 들었겠어요.

하늘이 사람 願을
저바리지 않아서

그리워하는 임을
모시게 되었지요.

　　　　芳是香所爲　　冶容不敢當
　　　　天不奪人願　　故使儂見郎

옛 생각은 잊히지 않아요
잊으려다간 되려 옛 생각에 사로잡히는걸요.

봄누에가 고치를 지어
그 고치에서 다시 누에나비 나듯이

서리서리 감도는

옛 생각은 끊을 수 없어요.

　　　　　前思斷纏綿　　意欲結交情
　　　　　春蠶易感化　　絲子已復生

사모치는 생각을
노래 않고 어쩌나요.

배 고프면
밥 생각 나듯이 ……

해 질 무렵 창가에
기대어 서서

슬픈 옛 사랑을
노래 않고 어쩌나요.

　　　　　誰能思不歌　　誰能飢不食
　　　　　日冥當戶倚　　惆悵底不憶

베개를 베고
창 아래 누웠더니

임이 오셔서
쓰다듬어 주시네요.

조금만 사랑해 줘도
버릇이 없어지는걸요

언제까지 임이 나를
사랑하실는지요.

    擎枕北窓下 郎來就儂嬉
    小喜多唐突 相憐能幾時

옷매무새도 가다듬지 않고
눈썹도 다스리지 않고
창 앞에 나섰나이다.

비단옷이라 바람에 날리기 쉬운 거죠만
치맛자락을 여는 게 새삼 얄미워서
애꿎은 봄바람을 흘기옵니다.

    擎裙未結帶 約眉出前窓
    羅裳易飄颺 小開罵春風

사랑하시는 걸 생각하면
곧 뛰어가고 싶지만

차마 부끄러워
못 가옵니다.

붉은 입술로
고운 노래나 부르지요

흰 손길로
거문고 줄이나 고르지요.

    恃愛如欲進 含羞未肯前
    朱口發艶歌 玉指弄嬌絃

藍田山 石門精舍

해질 무렵 山水가 더 좋으이
배 띄워 바람에 맡겨 두자.

奇異한 경치에 놀라
먼 줄을 몰랐더니
비롯을 찾아 어느덧
막다른 곳에 이르렀구나.

아득히 구름과 나무가
빼난 것을 사랑하고
길이 같지 않음을
처음엔 의심했더니

어찌 알았으랴 맑은 흐름이
문득 앞산에 통한 것을

배를 버리고
지팽이로 가벼이 헤쳐
내 마음 가는 곳으로
따라 이르니

늙은 중

너댓 사람
솔 잣나무
그늘에 거닐다.

새벽 안개 숲에 감돌 제
아침 梵唄 소리
밤에 三昧에 드니
산이 더욱 寂寞하고녀.

道心이 牧童에게 미치니
세상일을 나뭇군에게 묻는다.

수풀 아래 行裝을 풀어
향을 사루고 자리에 눕다.

산골 풀향기
옷에 스미노니
늦게 돋는 달이
石壁을 비초인다.

다시 올 때에
길을 잊을까 저허하여

새벽에 일어나
지난 길을 다시 밟다.

웃으며 作別하노니
桃源 사람들과 ──
꽃망울 터져서 붉거든
또다시 와 보리라고.

落日山水好　　漾舟信歸風
玩奇不覺遠　　因以緣源窮
遙愛雲木秀　　初疑路不同
安知淸流轉　　偶與前山通

舍舟理輕策　　果然愜所適
老僧四五人　　逍遙蔭松栢
朝梵林未曙　　夜禪山更寂
道心及童牧　　世事問樵客

暝宿長林下　　梵香臥瑤席
澗芳襲人衣　　山月映石壁
再尋畏迷誤　　明發更登歷
笑謝桃源人　　花紅復來覘

────王　維

送 別

말에서 내려서자
술 한잔 권한 다음
그대에게 묻노니
"어데로 가려는고"

그대 하는 말이
"세상에 뜻 못 얻었으니
돌아가 南山이라
그 기슭에 누우리라"

"가려거든 가게나
다시 묻지 않으리니
저 하늘 흰구름이사
다할 때가 없을걸세"

    下馬飮君酒 問君何所之
    君言不得意 歸臥南山陲
    但去莫復問 白雲無盡時
        —— 王 維

玉 階 怨

섬돌 위에
이슬이 내리옵니다.
밤이 깊었나봐요
비단 버선이 다 젖었나이다.

그만 방으로 돌아가겠어요
구슬 발을 치고
가을 달을 우러러
임 생각에 촉촉히 젖겠나이다.

玉階生白露　　夜久侵羅襪
却下水晶簾　　玲瓏望秋月

———李 白

怨　情

珠簾을 걷어 놓고
홀로 앉은 저 美人――

시름없다 그 모습
찡그린 그 蛾眉가……

마음속에 그 뉘를
원망함인고

속눈썹에 아롱진
눈물 두 방울

　　　美人捲珠簾　　深坐顰蛾眉
　　　但見淚痕濕　　不知心恨誰
　　　　　　　　―― 李　白

將進酒

　그대 보지 않는가, 黃河의 물이 天上에서 내려와 구비쳐 바다에 이르면 다시 돌아오지 못하는 것을.

　그대 보지 않는가, 高堂의 거울 앞에서 白髮을 슬퍼하느니 아침에 푸른 실 같던 것이 저녁에 흰눈이 되는 것을.

　人生은 덧없느니 뜻을 얻어 歡樂을 다하여라, 어찌타 金樽으로 헛되이 달을 보게 할거냐.

　하늘이 이몸 삼기실 제 쓸 곳 있어 내셨으니 千金을 다 흩어도 가서 다시 돌아오리. 羊 잡고 소를 삶아 즐거움을 삼을 것이, 만나면 한숨에 三百 잔을 마실 것이.

　岑夫子 丹丘生아 권하는 술 막지 마소. 그대를 위해서 노래 하나 부르과저 귀기울여 듣노라고 한마디만 하오그려. 鐘鼓도 八珍味도 貴하다고 못하리라. 다만 원하느니 長醉不醒하올 일을……

　옛부터 聖賢은 죽어 그뿐 寂寞해도 오직 술꾼만은 그 이름을 남기었네. 陳王은 그 옛날에 平樂殿에 잔치 열고 斗酒 壹萬杯로 즐거움을 다했거니 主人아 무삼 일로 돈이 적다 恨하는고.

　술 없으면 또 사 오고 그대 함께 마실 것이 五花馬 千金裘를 아이 시켜 술로 바꿔 그대로 더불어 萬古 시름 풀어 볼꺼나.

君不見黃河之水天上來　　奔流到海不復回
君不見高堂明鏡悲白髮　　朝如靑絲暮成雪
人生得意須盡歡　　莫使金樽空對月
天生我材必有用　　千金散盡還復來
烹羊宰牛且爲樂　　會須一飮三百杯
岑夫子丹丘生　　將進酒君莫停
與君歌一曲　　請君爲我側耳聽
鍾鼓饌玉不足貴　　但願長醉不願醒
古來聖賢皆寂寞　　惟有飮者留其名
陳王昔時宴平樂　　斗酒十千恣歡謔
主人何爲言少錢　　徑須沽取對君酌
五花馬千金裘　　呼兒將出換美酒
與爾同銷萬古愁

　　　　　　　　　　　　—— 李　白

鳳凰臺에 올라서

鳳凰臺 우에
봉황이 노닐더니
鳳은 가고 臺는 비어
강물만 흐르누나.

吳王宮殿 花草는
잡풀 속에 파묻히고
晋代 衣冠文物
古丘를 이루었다.

구름 밖에 솟은 三山
하늘에서 떨어지는듯
두 강물이 노나져서
감도느니 白鷺洲라

모두 다 뜬 구름 탓
햇빛을 가리우니
長安은 안 보이고
사람만 울리노라.

鳳凰臺上鳳凰遊　　鳳去臺空江自流
吳宮花草埋幽徑　　晉代衣冠成古丘
三山半落青天外　　二水中分白鷺洲
總爲浮雲能蔽日　　長安不見使人愁

　　　　　　　　———李　白

登 岳 陽 樓

洞庭湖 그 이름을
들은 지 오래더니

岳陽樓 높은 다락
오늘에사 오르메라.

吳楚는 어듸메오
東南이 탁 터졌다

해와 달이 밤낮으로
예서 뜨노메라.

親한 벗 흩어진 뒤
편지 한 字 없고

늙은 몸 병이 들어
외배로 떠도느니.

關山 북쪽 벌에
戎馬가 울부짖는데

軒檻에 기대이니
눈물이 흐르노라.

昔聞洞庭水　　今上岳陽樓
吳楚東南坼　　乾坤日夜浮
親朋無一字　　老病有孤舟
戎馬關山北　　憑軒涕泗流
　　　　　　　———杜　甫

哀江頭

少陵의 촌 늙은이 흐느껴 운다
봄날 江기슭에 몰래 나와서 ……

저 언덕 宮殿에는 千門을 잠궜는데
細柳新蒲는 뉘를 위해 푸르렀노

무지개빛 天子旗가 이 동산에 머물 때는
南苑의 온갖 모습 生氣가 돌더니라.

아리따운 楊貴妃도 같은 輦 우에
임을 따라 임 모시고 곁에 있을 때.

宮女들은 활을 들고 箭筒을 메고
白馬는 깨물더니 黃金재갈을

몸을 휘두루쳐 구름을 쏘면
나는 새 두 마리도 한 살에 떨어졌다.

맑은 눈 흰 이 그 美人은 어데 간고
피묻은 영혼이 울면서 헤매리라.

渭水는 흘러가고 劍閣은 감초였다

간 이나 남은 이나 소식을 못 전하네.

人生은 정이 많아 눈물로 가슴을 적시는데
이 강물 이 꽃들이 어찌 다함이 있을거나.

黃昏에 敵塵이 온 城을 뒤덮으니
城南길이 어디멘고 갈 곳 몰라 하노라.

少陵野老吞聲哭　　春日潛行曲江曲
江頭宮殿鎖千門　　細柳新蒲爲誰綠
憶昔霓旌下南苑　　苑中萬物生顔色
昭陽殿裏第一人　　同輦隨君侍君側
輦前才人帶弓箭　　白馬嚼齧黃金勒
翻身向天仰射雲　　一箭正墜雙飛翼
明眸皓齒今何在　　血汚遊魂歸不得
淸渭東流劍閣深　　去住彼此無消息
人生有情淚霑臆　　江水江花豈終極
黃昏胡騎塵滿城　　欲往城南望城北

———— 杜　甫

가을 밤비 속에

가을 바람에 처량한 이 읊조림
온 세상에 내 마음 아는 이 없네
창 밖에는 삼경의 비가 오는데
등불 앞에 아물아물 만리의 마음이여

秋夜雨中

秋風惟苦吟　　世路少知音
窓外三更雨　　燈前萬里心
　　　　　　　──── 崔致遠

郵亭의 밤비

여관 방에 늦은 가을 비 소리
고요한 밤 차운 창살의 불 빛
스스로 탄식하네 시름 속에 앉으니
이 참으로 삼매[定]에 든 중인 것을

郵亭夜雨

旅館窮秋雨　　寒窓靜夜燈
自憐愁裏坐　　眞箇定中僧
──── 崔致遠

寒松亭曲

寒松亭 밤에 달은 희고
鏡浦의 가을 물결은 잔다
슬피 울며 오고 가느니
有信한 白鷗 하나

月白寒松夜　波安鏡浦秋
哀鳴來又去　有信一沙鷗
　　　　　──── 張延祐

大興寺에서 子規를 듣다

俗客의 꿈은 이미 끊어졌는데
子規는 아직도 흐느껴 운다
세상에 다시 새소리 아는 이[公冶長] 없으니
마음 속에 맺힌 恨을 그 누가 아노.

大興寺聞子規

俗客夢已斷　　子規啼尙咽
世無公冶長　　誰知心所結
　　　　　　　——— 金富軾

山莊의 밤비

어젯밤 松堂에 비내리어
시냇물 소리 베개 서쪽에 울리더니
먼동 트자 뜰앞의 나무를 보니
잔 새는 아직도 가지를 뜨지 않았네

　　　　　　山莊夜雨
　　　昨夜松堂雨　　溪聲一枕西
　　　平明看庭樹　　宿鳥未離栖
　　　　　　　　　────高兆基

말 위에서   三首

머리 돌려 海陽城을 보매
城 곁에 산이 우뚝 솟았었네
그 산도 멀어져 이제 보이지 않거니
하물며 그 城中 사람들이야

산을 보니 산에 슬픈 빛이요
물을 들으매 물소리 愁心일세
이때에 그 무엇으로
이 마음 위로할 것가

이별이라도 다시 만날 기약 있으면
잠시 헤어짐이 어떠리오만
다시 못 만날 줄 알기에
애끓는 마음 애끓는 마음

馬上寄人　三首

廻首海陽城　傍城山嶙峋
山遠已不見　況是城中人

看山帶慘色　聽水帶愁聲
此時借何物　能得慰人情

一別有一見　暫別又何傷
情知不再見　斷腸仍斷腸

　　　　　　　——崔　謹

江村夜興

달빛 침침한데 까마귀 물가에 날고
연기 잠긴데 강물 절로 물결이 이네
고기잡이 배는 지금 어디서 자는고
아득한 곳에서 한가락 노래소리 들리네

月黑鳥飛渚　煙沈江自波
漁舟何處宿　漠漠一聲歌
　　　　　——— 任 奎

星龍寺 雨花門에 쓰다

古木에 朔風이 울고
잔잔한 물결 위에 저녁볕이 일렁인다
徘徊하면서 옛일을 생각노니
눈물이 옷을 적심을 깨닫지 못하네

    古樹鳴朔吹 微波漾殘暉
    徘徊想前事 不覺淚霑衣
           ——— 崔鴻賓

墨竹 뒤에 題함

한가한 나머지 붓과 벼루를 희롱하여
한줄기 대를 그리었네
벽에 붙여 놓고 이따금 보노니
그윽한 자태가 짐짓 속되지 않네

題墨竹後

閑餘弄筆硯　　寫作一竿竹
時於壁上看　　幽姿故不俗

——— 鄭 敍

晋陽留別

오래 머무르기 참으로 計策이 없는데
거듭 오는 일 기약하기 어려워라
인생 백년 안에
길이 一相思만 짓누나

    久住眞無計 重來未必期
     人生百歲內 長作一相思
           —— 全坦夫

山 居

봄은 가도 꽃은 아직 있는데
하늘은 개였건만 골짜기는 절로 그늘이 지네
두견이 한낮에 우짖으니
비로소 깨닫겠네 깊은 골에 사는 줄을

   春去花猶在 天晴谷自陰
   杜鵑啼白晝 始覺卜居深
          ——— 李仁老

天壽僧院 벽에 쓰다

손을 기다리매 손이 오지 않고
중을 찾으니 중이 또한 없구나
오직 수풀 밖의 새만 남아서
관곡히 술들기를 권하네

題天壽僧院壁

待客客未到　尋僧僧亦無
唯餘林外鳥　款曲勸提壺

———— 李仁老

絶句杜韻

굽은 언덕길에 꽃이 눈을 어지럽히고
깊은 동산엔 풀이 허리를 묻네
노을이 남으니 흩어진 비단 자락이요
비가 급하니 어지러운 구슬이 뛰네

   曲塢花迷眼 深園草沒腰
   霞殘餘綺散 雨急亂珠跳
        —— 李奎報

北山雜題

산에 사는 이 마음을 시험코자 하거던
문에 들어 먼저 주정해 보소
기뻐하고 불평함을 나타내지 않으면
비로소 깨달으리 참으로 高士임을

높은 산 꼭대기를 감히 오르지 않는 것은
오르기 고된 것을 꺼리는 게 아니라
산중의 눈에 잠깐 다시
人寰이 바라보일까 두려워함일세

산꽃이 깊은 골짝에 피어
산중의 봄을 알리려 하네
피고지는 것을 누가 일찌기 주관하였노
이 모두 다 定 가운데 사람들일세

산에 사는 사람이 함부로 나들이 않으니
옛길이 사뭇 푸른 이끼에 파묻혔네
응당 겁내리라 티끌 세상 사람들,
나의 綠蘿月을 침범할쎄라

欲試山人心　　入門先醉嬰
了不見喜慍　　始覺眞高士

高巓不敢上　　不是憚躋攀
恐作山中眼　　乍復望人寰

山花發幽谷　　欲報山中春
何曾管開落　　多是定中人

山人不浪出　　古徑蒼苔沒
應恐紅塵人　　欺我綠蘿月

——— 李奎報

閑中雜詠

발을 걷고 산 빛을 끌어들이고
통을 이어서 샘물 소리를 나누다
온 아침을 이르는 사람 없으니
뻐꾸기는 스스로 제 이름을 부르네

청산이 푸른데 막 지나는 비
연한 버들은 다시 물안개를 머금었네
편한 학은 한가로이 오고가누나
흐르는 꾀꼬리 소리는 절로 먼저와 나중이 있네

냇물소리 시끄러우니 산이 다시 적막하고
마을이 고요하니 해가 더욱 길고나
꿀 따노라 누른 벌은 붕붕거리는데
집짓기에 자줏빛 제비는 바쁘다.

捲箔引山色	連筒分澗聲
終朝少人到	杜宇自呼名
山青仍過雨	柳綠更含煙
逸鶴閑來往	流鶯自後先
溪喧山更寂	院靜日彌長
採蜜黃峰鬧	營巢紫燕忙

——— 釋丹鑑

가을날 배를 띄우다

바다 안개는 개여도 오히려 어두운데
강바람은 늦게 다시 비꼈고나
물가에 가득히 단풍잎이 어우러진 것을
복사꽃이 떠오는가 의심하였네

물새는 떴다가 도리어 파묻히는데
沙洲는 곧다가 비뚤었다가 하네
배 옆에 산이 그림을 펼치고
돛대를 맞아 물결이 꽃을 일으키네.

秋日泛舟

海霧晴猶暗　　江風晚更斜
滿汀紅葉亂　　疑是泛桃花

水鳥浮還沒　　沙洲直復斜
傍舟山展畵　　迎棹浪生花
　　　　　　　──── 吳漢卿

朴杏山 全之宅에 題함

술잔은 모름지기 항상 가득해야 하느니
차 그릇은 반드시 깊어야 하는 것이 아닐세
杏山에 하루 종일 비가 오시는데
다시 細細히 마음을 논하네.

朴杏山全之宅有題

酒盞常須滿　　茶甌不用深
杏山終日雨　　細細更論心
　　　　　　　　―― 洪　奎

風 荷

맑은 새벽에 마악 목욕을 마치고
거울 앞에서 힘을 가누지 못하네
天然의 무한한 아름다움이란
전혀 단장하기 전에 있고녀.

　　　　　清晨纔罷浴　　臨鏡力不持
　　　　　天然無限美　　摠在未粧時
　　　　　　　　　　　　　———崔 瀣

龍宮에 閑居할 때 金蘭溪得培가 시를 보내왔으므로 그 韻을 밟다

강물이 넓으니 물고기가 자유롭고
숲이 깊으매 지친 새가 돌아든다
田園에 돌아옴만이 나의 뜻이요
부귀가 위태로운 기미를 일찍 안 건 아니어라.

龍宮閑居金蘭溪得培寄詩次其韻

江闊脩鱗縱　林深倦鳥歸
歸田是吾志　非是早知幾
　　　　　　　　—— 金元發

元校書 松壽에게 부침

오늘 아침 펼쳐진 밝은 조망
詩興은 남산에 부쳤네
巾을 제껴쓰고 긴 파람 하니
천지 넓은 줄 비로소 알겠네.

寄元校書松壽

今朝展淸眺　　詩興屬南山
岸幘發長嘯　　始知天地寬

──── 郭 珝

梨 花 月

개울 건너
저 시악시
임 이별할 때

남의 눈이
부끄러워
말 한마디 못 하고

돌아가
중문 닫고
배꽃 그늘에

우거진
달을 보고
서러워 운다.

　　　十五越溪女　　羞人無語別
　　　歸來掩重門　　泣向梨花月
　　　　　　　———林 悌

少 點 頭

紗窓에 달 비칠 제
안아 보니 더 고운 임

수집은 입술이요
잔잔한 그 눈매라,

귓가에 나직이 속삭이는 말
"그대 나를 사랑하는가"

흰 손길 고이 들어
금비녀를 바로잡고

蛾眉를 갸우뚱히
고개 두어 번 까닥인다.

　　　　　抱向紗窓弄未休
　　　　　半含嬌態半含羞
　　　　　低聲暗問相思否
　　　　　手整金釵少點頭
　　　　　　　—— 失名氏 (韓國)

道詵庵 가는 길

비 멎은 다음이라 햇살이 더 눈부시다
玲瓏한 가을빛이 게으름을 일깨우누나.

가고 가니 깎아지른 돌사닥길
젖은 이끼에 지팡이가 비껴 나른다.

奇異한 새소리는 우짖으다 멈추는데
산에 피는 꽃은 빛이 차라리 짙지 않아라.

쏟아지는 물소리사 흰눈이 흩뿌리는 듯
落落長松에 부서지는 구슬바람.

숨어서 사는 이의 긴파람을 본받노니
옛사람 밟은 자취를 다시 좇아 노메라.

은은한 저 종소리 어드메가 절일런고
봉우리 봉우리마다 흰구름이 닫았고녀.

日暄雨初止　　秋色起我慵
行行攀石磴　　苔滑碾飛笻
怪禽啼還歇　　幽花淡不濃
亂泉如灑雪　　璇風落長松
試發蘇門嘯　　更追平子蹤
鐘鳴何處寺　　山山白雲封
　　　　　　　——金春東

文殊窟에 자다

천 길 벼랑을 뉘라서 쪼아 내어
圓通한 부처님의 龕室을 지었는고.

관솔에 불을 놓으매 중은 자지 않는데
밤이 오래어서 玄妙한 얘기를 듣는다.

宿文殊窟

誰鑿千尋壁　　圓通老佛龕
爇松僧不寐　　夜久聽玄談
　　　　　　　——— 金春東

矗石樓別曲

神工의 솜씨로 다듬은 矗石樓야
晋陽땅 名勝으로 네 이름이 높았구나
山容은 그림 같아 飛鳳이 춤을 추고
물빛은 맑고 맑아 藍江이 비단 같다
三韓以來 都護府라 櫛比한 閭閻이여
新樓 畵棟이 碧空에 솟았거니
管絃絲竹이 울림즉도 한저이고
欄干 기대이니 逸興이 앞을 서도
못잊을 그 옛날의 懷憶은 愴然하다
倭賊의 발굽 아래 짓밟히던 壬辰亂을
大駕는 西塞 길에 龍灣이 울었것다
九重宮闕은 연기로 사라지고
關山 鴨水에 風月도 눈물이라
八道의 義론 선비 벌떼같이 일어났네
四面에 受敵함은 兵家가 忌하는 것
하물며 孤城이야 무엇을 믿을 건가
晋陽 城廓이 물속에 잠겼거니
六萬士女가 一時에 죽었어라
三壯士 높은 節義 웃으며 든 한잔 술을
義娘의 곧은 마음 丹心落花 一點紅을 수놓았네
무도한 도적의 떼 휘두르는 칼날 끝에
머리를 잘릴망정 항복 않던 先烈魂아

江山에 쌓인 白骨 그 얼마나 되었던고
寃魂 烈魄이 虛空에 울부짖네
悲風이 불어올 제 침침한 구름이며
寂寞한 江山에 달밤이 더욱 섧다
朝廷의 벼슬아치 朋黨에 눈이 멀어
東西是非로 寧日이 없었어라
北쪽의 鄭文孚과 南쪽의 李忠武公
權慄 都元帥와 紅衣將軍 郭再佑뿐
百戰山河에 戰勝鼓는 뉘 울렸노
勳功을 뉘 일렀노 忠義만 昭昭해라
八年風塵이 눈앞에 방불하다
옛일을 말하자니 肝膽이 서늘코야
부질없는 이 노래에 마땅한저 一場痛哭
長嘯 一聲에 푸르른 저 草色을
江湖의 傷時客아 이 다락에 올라 보소

新興矗石樓*

何來神斧斫矗石	汝以晉陽名勝高
山容如畵飛鳳翔	波光綠淨以藍名
三韓以來都護府	城外城內萬家住
新樓畵棟向碧空	管絃絲竹處處起
倚欄逸興發	能忘舊時懷
憶昔龍蛇倭賊亂	海東全城鯉血高
大駕西行住龍灣	漢陽宮闕煙塵生
瞻彼長江關山月	八域義士蜂擁起
四面受敵兵家忌	況又孤城豈可依
晋陽城郭引水沈	六萬士女一時死
三節高義張許遠	義娘凝粧萬綠紅
見人必殺倭鋒刃	斷頭無降先烈魂
處處白骨如山高	魂魄往來鬼哭聲
悲風襲來日沈沈	山河寂寞月色孤
朝廷大臣好朋黨	東西是非無閑暇
北有鄭爺南忠武	中有權帥郭紅衣
百戰山河連戰勝	竟使倭酋無片鱗
八年風塵在眼前	與人發說膽寒孤
吾人歌詠如觳觫	何人作誦如鳳樓
長嘯一聲草色新	請君莫惜矗石行

---

* 편집자 주: 이 작품의 작자와 창작 연대는 분명하지 않다. 다만, 작품의 구성이나 내용과 관련된 여러 정황으로 미루어 볼 때 芝薰의 지인(知人) 가운데 한시(漢詩) 교양이 있었던 분의 작품이 아닌가 짐작된다.

漢詩抄

佛國寺途中

山深無一家　　流水性相親
碧藏雪外寺　　紅露雪邊春
苔路鐘聲古　　竹林鳥語新
釋仙吾不識　　天地大虛眞

臨海殿遺址

羅運將終夕　　哀歌咽無時
勸酌千年業　　受盃一美姬
麻衣血淚濕　　寶劍霜光微
依舊鷄林月　　浮雲雁鴨池

歸鄉

塵世意難合　　歸來便一旬
心閒山色遠　　夜靜水聲隣
功名爭蝸角　　富貴貪魚鱗
眞味榮香淡　　恐知權勢人

謾詠

元是寒貧士　　詮非林下賢
柴門山影掩　　書榻水聲穿
身臥雲邊石　　心參定裏禪
此間何所樂　　却笑謂吾情

沽酒

山童沽酒去　客自遠方來
隔歲愁腸閉　對床笑口開
寒暄病世矣　生計樂天哉
與子一場醉　月移石上苔

叙懷

平生睡不足　愛此白雲幽
懶臥白雲裡　青山笑我愚
青山休笑我　學世萬端愁
兩忘榮溽苦　桑屋忽高樓

山酒初熟

客隨流水敲柴扉　　山酒初酣月上枝
且漉且嘗無限趣　　滿庭松韻得時宣

贈花豚禪師

昔在長安豪蕩客　　妙心托鉢一禪僧
携筇獨去雲生衲　　踏盡泉聲萬慮輕

寄牧雲

四日南風三日雨　　溪邊芳草白雲多
山花自春兒羊背　　麥穗爭高露滿簑

蟬

長年林下不求仙　　花落花開摠自然
默默終生眞是術　　枕書閒臥白雲天

妓　女

遊子無情採柳柳　　佳人多淚濕羅衣
落花征馬蕭蕭雨　　千里長程日暮時

洗　女

芳草溪邊楊柳枝　　一聲木笛燕斜飛
浮雲流水無非恨　　獨坐洗紗夕照時

菜　女

杜鵑花發滿山中　　菜女衣裳綠映紅
胸裏多懷歌牛淚　　此心空處此筐空

述　懷

墻頭老槿又逢春　　漢上歸帆影更新
胞裏幽懷向誰說　　蒼涼曙色逈三津

登五臺山毘盧峰

毘盧峰上瑞雲開　海色山光摠自來
一念頓空垂爲樂　多生受報有情哀
風塵熱惱蒸三界　法雨清凉洒五臺
合眼數珠松子落　忽然天際暮鐘回

東都懷古

鷄林王業一荒邱　萬古興亡水自流
牛月城空花落雨　瞻星臺屹麥豊秋
鮑亭暮宴舞姬散　臨海三更王氣收
國亂當時誰死節　滿天雲霧客登樓

鮑石亭址

鮑石亭前植杖時　　興亡歷數思依依
曲水流觴遺跡是　　鶯歌燕舞主人非
千年王業金樽酒　　一代榮華血淚衣
灘聲猶咽羅朝恨　　獨倚寒岩望落暉

秋　興

東籬種晚菊　　釀酒置其間
花開酒亦熟　　客到月初圓
葉落山盈寂　　琴鳴水更潺
但得壺中趣　　不知夜轉寒

傷　心

秋水蘆花白　　月明夜菊寒
青春不得志　　歸臥夢關山

芝薰 趙東卓 先生 年譜

1920. 12. 3. 경북 영양군(英陽郡) 일월면(日月面) 주곡동(注谷洞)에서 부 조헌영(趙憲泳, 제헌 및 2대 국회의원, 6·25 때 납북됨) 모 유노미(柳魯尾)의 3남 1녀 가운데 차남으로 출생.

1925.~1928. 조부 조인석(趙寅錫)으로부터 한문 수학(修學), 영양보통학교에 다님.

1929. 처음 동요를 지음. 메테를링크의 〈파랑새〉, 배리의 〈피터팬〉, 와일드의 〈행복한 왕자〉 등을 읽음.

1931. 형 세림(世林;東振)과 '꽃탑'회 조직. 마을 소년 중심의 문집 〈꽃탑〉 꾸며냄.

1934. 와세다대학 통신강의록 공부함.

1935. 시 습작에 손을 댐.

1936. 첫 상경(上京), 오일도(吳一島)의 시원사(詩苑社)에서 머무름. 인사동에서 고서점(古書店) '일월서방'(日月書房)을 열다. 조선어학회에 관계함. 보들레르·와일드·도스토예프스키·플로베르 읽음. 〈살로메〉를 번역함. 초기 작품 〈춘일〉(春日)·〈부시〉(浮屍) 등을 씀. "된소리에 대한 일 고찰" 발표함.

1938. 한용운(韓龍雲)·홍로작(洪露雀) 선생 찾아봄.

1939. 《문장》(文章) 3호에 〈고풍의상〉(古風衣裳) 추천받음. 동인지 《백지》(白紙) 발간함[그 1집에 〈계산표〉(計算表), 〈귀곡지〉(鬼哭誌) 발표함]. 〈승무〉(僧舞) 추천받음(12월).

1940. 〈봉황수〉(鳳凰愁) 추천받음(2월). 김위남(金渭男;蘭姬)과 결혼함.

1941. 혜화전문학교 졸업(3월). 오대산 월정사(月精寺) 불교강원(佛敎講院) 외전강사(外典講師) 취임(4월). 상경(12월).

1942. 조선어학회〈큰사전〉편찬원(3월). 조선어학회 사건으로 검거되어 심문받음(10월). 경주를 다녀옴. 목월(木月)과 처음 교유.
1943. 낙향함(9월).
1945. 조선문화건설협의회 회원(8월). 한글학회〈국어교본〉편찬원(10월). 명륜전문학교 강사(10월). 진단학회〈국사교본〉편찬원(11월).
1946. 경기여고 교사(2월). 전국문필가협회 중앙위원(3월). 청년문학가협회 고전문학부장(4월). 박두진(朴斗鎭)·박목월(朴木月)과의 3인 공저《청록집》(靑鹿集) 간행. 서울 여자의전(女子醫專) 교수(9월).
1947. 전국문화단체총연합회 창립위원(2월). 동국대 강사(4월).
1948. 고려대학교 문과대학 교수(10월).
1949. 한국문학가협회 창립위원(10월).
1950. 문총구국대(文總救國隊) 기획위원장(7월). 종군(從軍)하여 평양에 다녀옴(10월).
1951. 종군문인단(從軍文人團) 부단장(5월).
1952. 제 2 시집《풀잎 단장(斷章)》간행.
1953. 시론집《시의 원리》간행.
1956. 제 3 시집《조지훈 시선》간행. 자유문학상 수상.
1958. 한용운(韓龍雲) 전집 간행위원회를 만해(萬海)의 지기 및 후학들과 함께 구성함. 수상집(隨想集)《창에 기대어》간행.
1959. 민권수호국민총연맹 중앙위원. 공명선거 전국위원회 중앙위원. 시론집《시의 원리》개정판 간행. 제 4 시집《역사 앞에서》간행. 수상집《시와 인생》간행. 번역서《채근담》(菜根譚) 간행.
1960. 한국교수협회 중앙위원. 세종대왕 기념사업회 이사. 3·1 독립선언 기념비건립위원회 이사. 고려대아세아문제연구소 평의원.
1961. 세계문화 자유회의 한국본부 창립위원. 벨기에의 크노케에서 열린 국제시인회의에 한국대표로 참가. 한국 휴머니스트회 평의원.
1962. 고려대 한국고전국역위원장.《지조론》(志操論) 간행.

1963. 고려대 민족문화연구소 초대 소장. 《한국문화사대계》(韓國文化史大系) 제 6 권 기획. 《한국민족운동사》 집필.
1964. 동국대 동국역경원 위원. 수상집 《돌의 미학》 간행. 《한국문화사대계》 제 1 권 〈민족·국가사〉 간행. 제 5 시집 《여운》(餘韻) 간행. 《한국문화사서설》(韓國文化史序說) 간행.
1965. 성균관대 대동문화연구원(大東文化研究院) 편찬위원.
1966. 민족문화추진위원회 편집위원.
1967. 한국시인협회 회장. 한국 신시 60년 기념사업회 회장.
1968. 5월 17일 새벽 5시 40분 기관지 확장으로 영면(永眠). 경기도 양주군 마석리(磨石里) 송라산(松羅山)에 묻힘.
1972. 남산에 '조지훈 시비'가 세워짐.
1973. 《조지훈 전집》(전 7권)을 일지사(一志社)에서 펴냄.
1978. 《조지훈 연구》(金宗吉 등)가 고려대학교 출판부에서 나옴.
1982. 향리(鄕里)에 '지훈 조동탁 시비'를 세움.

가족사항

미망인 김위남(金渭男) 여사(88세)
장남 광열(光烈, 미국 체류)   자부 고부숙(高富淑)
차남 학열(學烈)   자부 이명선(李明善)
장녀 혜경(惠璟)   사위 김승교(金承敎)
삼남 태열(兌烈, 주 스페인 대사) 자부 김혜경(金惠卿)

趙芝薰 전집 1

시

1996년 10월 15일 발행
2010년 4월 5일 3쇄

著　者：趙　芝　薰
發 行 人：趙　相　浩

發 行 處：(주) 나 남

413-756

경기도 파주시 교하읍 출판도시 518-4
전화：(031) 955-4600 (代),　FAX：(031) 955-4555
등록：제 1-71호 (79. 5. 12)
http://www.nanam.net
post@nanam.net

ISBN 978-89-300-3441-8　　　책값은 뒤표지에 있습니다.

《趙芝薰全集》별책

지훈 육필 시집

한국현대문학사에서 유례를 찾을 수 없는 시인 자신의 육필 시선집!

조지훈 시의 향기를 직접 쓴 시인의 필치에서 새로이 느낀다.

양장본 · 4×6배판 변형 · 352면 · 값 2만 5천원

芝薰詩鈔

- 玩虛山房藏
- 岩穴의 노래
- 歷史 앞에서
- 戰塵抄
- 巴調
- 劍西樓嘯詠
- 月光曲
- 寒山道
- 思慕
- 달밤
- 白磁三昧

나남 경기도 파주시 교하읍 출판도시 518-4
Tel. 031-955-4600 www.nanam.net